光明社科文库
·政治与哲学书系·

后现代哲学的范式与路径
基于巴塔耶的研究

杨 威 | 著

光明日报出版社

图书在版编目（CIP）数据

后现代哲学的范式与路径：基于巴塔耶的研究 / 杨威著. -- 北京：光明日报出版社，2024.3
ISBN 978-7-5194-7693-9

Ⅰ.①后… Ⅱ.①杨… Ⅲ.①巴塔耶（Bataille, Georges 1897-1962）—后现代主义—哲学思想—研究 Ⅳ.①B565.59

中国国家版本馆CIP数据核字（2023）第250258号

后现代哲学的范式与路径：基于巴塔耶的研究
HOUXIANDAI ZHEXUE DE FANSHI YU LUJING：JIYU BATAYE DE YANJIU

著　者：杨　威	
责任编辑：史　宁	责任校对：许　怡　李佳莹
封面设计：中联华文	责任印制：曹　净

出版发行：光明日报出版社
地　　址：北京市西城区永安路106号，100050
电　　话：010-63169890（咨询），010-63131930（邮购）
传　　真：010-63131930
网　　址：http://book.gmw.cn
E - mail：gmrbcbs@gmw.cn
法律顾问：北京市兰台律师事务所龚柳方律师
印　　刷：三河市华东印刷有限公司
装　　订：三河市华东印刷有限公司
本书如有破损、缺页、装订错误，请与本社联系调换，电话：010-63131930
开　　本：170mm×240mm
字　　数：124千字　　　　　　　　印　张：10
版　　次：2024年3月第1版　　　　印　次：2024年3月第1次印刷
书　　号：ISBN 978-7-5194-7693-9
定　　价：85.00元

版权所有　　翻印必究

前　言

　　以哲学的方式关心社会发展，不仅是为高歌猛进的历史进程鼓与呼，更需要一种透彻的、前瞻性的眼光，为那些被视为理所当然的基本观念进一步澄清前提、划定界限，提供更加清醒自觉的见解和视野。

　　例如，实现现代化是许多国家和地区在社会生活中追求的目标。究竟什么是现代化？从哲学上思考这个问题，就不能不探讨现代性。对现代性的解释有上百种，而且仍然处于开放的建构中，但从根本上说，现代性是作为现代世界的本质根据被提出来并深入讨论的。基于自我观念的、具有强制性的进步趋势和以理性为主干的、与财富增长适配的现代形而上学，构成了现代性的两个基本支柱。把现代性的原则推广开来，使之在社会生活中建立起普遍的主导地位的过程，就是现代化的过程。

　　对现代性进行批判性反思，是后现代哲学的兴起缘由和重要内容。虽然后现代哲学包含比现代性批判更为丰富的内容，后现代哲学对现代性的批判也未必都切中肯綮，但是，研究后现代哲学对于更加全面地把握现代性显然是有帮助的。

　　在复杂多变的后现代哲学思想中，乔治·巴塔耶（Georges Bataille）的哲学思想占有独特的地位。"巴塔耶和海德格尔一样，致力于打破现代性的牢笼，打破西方理性的封闭空间，尽管它在世界历史范围内取得了巨大的胜利。"① 巴塔耶不是像马丁·海德格尔（Martin Heidegger）那样侧重于形而上学批判，而是侧重于拆解伦理规范和功利原则，打破单子化的自我封闭主体，倡导获得真正的自主权（souveraineté）。巴塔耶生于1897年，卒于1962年，家庭生活的痛苦遭遇和这一时期欧洲的极端动荡，促使他撕下"仁义道德的面具"和"象征规范和权威的脸面"，"打开了一个无限自由的世界"。② 巴塔耶做出的思想努力是开创性的，产生了深远的影响。"巴塔耶对自主的哲学主体的猛烈攻击以及对逾越性经验（transgressive experiences）的拥护，深刻地影响了福柯和其他后现代理论家。"③ 简言之，巴塔耶对以"理性"为核心和以"生产"为表征的西方现代模式进行了深刻的批判，被视为后现代哲学思想的重要源头。

本书着眼后现代哲学的兴起渊源和核心内涵，以巴塔耶哲学思想研究为依托对后现代哲学的思维范式和理论路径进行探析，特别是对其中拆解辩证法的"异质学"、超越理性思辨的"内在经验"等学说进行分析和评述。全书的主要内容包括五章。

第一章概述后现代哲学的形成过程、思想内涵和流派类型，探讨后现代哲学对现代性的批判反思及其丰富多彩的哲学表现。

第二章考察后现代哲学在思维范式上的转变，主要讨论辩证法与异质学。巴塔耶对辩证法及其观念同一性的拆解与批判，以及在此基础上形成的独具特色的异质学思想，为后现代哲学的产生和发展奠定了基础。本章在梳理辩证法的演变与形成历程，指出传统辩证法思想面临危

---

① [德]哈贝马斯. 现代性的哲学话语[M]. 曹卫东，等译. 南京：译林出版社，2004：249.
② [美]肯德尔. 巴塔耶[M]. 姚峰，译. 北京：北京大学出版社，2018：18.
③ [美]贝斯特，凯尔纳. 后现代理论：批判性的质疑[M]. 张志斌，译. 北京：中央编译出版社，1999：46.

机的基础上，重点阐述异质学在思维范式层次上对辩证法的置换及其作为后现代哲学内在逻辑的重要地位。

第三章追踪后现代哲学在理论路径上的探索，主要讨论理性思辨与内在经验。本章通过探究理性的起源、实质及其与宗教信仰的共通性，梳理巴塔耶对理性和制度化宗教信仰的批判，重点阐明后现代哲学对现代性观念内核的解构。不同于作为感性知觉的传统经验概念，巴塔耶提出的内在经验否定了知识、语言等工具性手段的表达价值，指向对自我确定性的消解。不同于理性思辨在一定前提下以概念联结的方式进行抽象运作，内在经验的探索摆脱了教条化的预设，在新的精神领域不断僭越前行，展开了一场通往人的可能性尽头的旅行。内在经验的思想路径，倡导向着新的生存方式进行不懈探索。

第四章评析后现代哲学思想的价值与偏失。后现代哲学具有不同于以往哲学的问题意识。相比于传统哲学和现代哲学，后现代哲学所关心的问题已经发生了变化，既不是寻找让人有所信赖和依靠的生存境域或精神支撑，也不是高扬人自身的理性及主体地位，而是面向不确定的未来和生存可能性的边界进行无尽探索。后现代哲学有着严谨性较弱、自洽性缺乏、建设性不足等一系列理论缺陷。但在光怪陆离的表述形式背后，后现代哲学提出的诸多议题其实颇有深意，不仅具有思想探索的意义，在拓展思维空间以及建构精神世界方面也都有所启发。

第五章结合马克思的现代性诊断，进一步探讨如何把握现代性问题及后现代哲学的理论价值。马克思通过对商品、资本和异化的分析，以独特的理论路径对现代性进行了诊断。这种诊断彰显了马克思哲学与后现代维度的交集，包含着一系列重要的政治关切、形而上学批判和对现代社会的总体把握。但马克思哲学与后现代哲学之间仍存在重要的差别，前者对现代性的批判并不是导致碎片化的否定和颠覆。可以认为，马克思是现代性的批判性重建者。他不仅完成了现代性的病理学诊断，而且对其发生原因和未来前景进行了诠释与预言，从而形成了一种健全的、超越性的现代性立场。

后现代哲学和现代性问题涉及的内容庞杂丰富，学术研究也在奔腾向前，本书仅是笔者尝试厘清相关问题的管窥蠡测，希望对同样关心这些问题的读者能有所助益。

目 录
CONTENTS

第一章 后现代哲学与现代性批判 …………………………… 1
 一、后现代哲学的产生 ………………………………………… 2
 二、后现代哲学的思想内涵 …………………………………… 11
 三、后现代哲学的派别 ………………………………………… 19

第二章 辩证法与异质学 …………………………………… 30
 一、辩证法的演变与滥用 ……………………………………… 30
 二、传统辩证法思想的危机 …………………………………… 45
 三、作为思维范式的异质学 …………………………………… 51
 四、社会的异质学分析 ………………………………………… 62

第三章 理性思辨与内在经验 ……………………………… 72
 一、理性及其与宗教信仰的共通性 …………………………… 72
 二、从抽象理性到内在经验 …………………………………… 85
 三、生存的不可能性与自主性 ………………………………… 95

第四章　后现代哲学的偏失与价值……………………………105
　　一、后现代哲学的问题意识……………………………………106
　　二、后现代哲学的理论缺陷……………………………………111
　　三、后现代哲学的精神价值……………………………………115

第五章　马克思的现代性诊断及其与后现代哲学的差别………127
　　一、马克思现代性诊断的独特路径……………………………127
　　二、从后现代维度看马克思哲学………………………………130
　　三、马克思哲学与后现代哲学的差别…………………………134

参考文献……………………………………………………………140

后　记……………………………………………………………147

第一章

后现代哲学与现代性批判

"后现代哲学"（postmodern philosophy）的称谓，以时代来划分和指称哲学思想，既具有时代性特征，也具有思想性内涵。所谓"后现代"，从字面上理解，自然是指"现代"之后。因此，对于理解后现代来说，比较有共识的出发点是要厘清它与现代的关系。"现代"，在西方语境中，是指16世纪文艺复兴以来的历史阶段。这个阶段表现出了与传统不同的特质，如理性至上、科技万能、历史进步、人类中心等开始成为社会主流观念。"后现代"在"现代"的基础上开始出现多方面的变化，比如文化体验的颠覆性创新、价值观念的批判性反思、社会状况的碎片化离散等。这些变化相续纳入和组成了一个具有历史变迁意义的进程。

当然，如何在时代性与思想性的交织中把握"后现代"，仍然是一个充满争议的话题。有些人并不认为这是一种客观的历史变迁，甚至不少人坚持认为，这与其说是一种时代性分期，不如说是学术炒作和流俗宣传的产物。还需注意的是，"现代"概念所指称的阶段是随着时间推移而变动的，因此我们事实上只能永远处于"现代"。即使搁置这种时间指称上的吊诡之处，从观念内容上来说，现代性也仍然是一项未完成的规划，在这个意义上，后现代只是现代性内部的自我反思。

马克思（Karl Marx）曾说：“社会史上的各个时代，正如地球史上的各个时代一样，是不能划出抽象的严格的界限的。”① 我们同样不能在后现代与现代之间划出抽象的严格的界限。这里的研究目的只是尝试揭示后现代哲学相对于现代哲学的形态学差异。从这个目的出发，尽管笔者注意到了各种不同的有价值的看法，但仍然选择把"后现代"界定为一种与"现代"有着质的差异性的新阶段。作为一个新的阶段，它在文化、观念和社会状况等方面，都表现出了新的特征。简言之，笔者认可的是这样一种区分和对应关系："前现代""现代"和"后现代"主要涉及对人类不同的历史时期的时间框架的确定，"前现代性""现代性"和"后现代性"则主要涉及三个不同历史时期的主导性价值观念。② 还需要补充强调的是，"后现代"这个新阶段的出现，虽然可以在编年史上寻觅踪迹，但更主要的是思想史上的转折性突破。后现代哲学，不是单纯地与后现代阶段相对应的哲学思潮，而主要是指其在思维方式、思想内容和表达路径等方面呈现出了与现代哲学明显不同的特征。比如，批判一味追求解放与进步的启蒙精神、拒斥普遍的和总体化的宏大叙事、拆解蕴含支配与压迫的理性思维，以及强调权力关系、个人风格、话语系统的作用等。从思想史的角度梳理后现代哲学的产生过程、思想内涵和观点演变，在比较对照中探讨对现代性的批判反思及其哲学表现，是一项需要事先完成的基础性工作。

一、后现代哲学的产生

从时间上考察的话，后现代哲学酝酿于 20 世纪初期，并明确出现

---

① 中共中央马克思恩格斯列宁斯大林著作编译局. 马克思恩格斯文集：第 5 卷 [M]. 北京：人民出版社，2009：427-428.
② 俞吾金，等. 现代性现象学 [M]. 上海：上海社会科学院出版社，2002：37.

于20世纪中后期。一般认为，在文化意义上最早使用"后现代"一词，是1917年德国哲学家鲁道夫·潘诺维茨（Rodolf Pannowitz）在《欧洲文化的危机》一书中，用来指20世纪初西方文化中弥漫的虚无主义和价值崩溃的思潮。在此之前，早在1870年前后，英国画家约翰·查普曼（John Watkins Chapman）就曾提到过"后现代绘画"一词，用来指那些比法国印象主义绘画还要现代和前卫的绘画作品。在此之后，1934年，西班牙文学批评家费德里柯·欧尼斯（Federico De Onis）在其编选的诗集中再次使用"后现代"一词，用来表示1905—1914年出现的欧洲文化，并认为这是1896—1905年的现代主义文化发展的产物。1939年，英国的神学家伯纳德·贝尔（Bernard Bell）和历史学家阿诺德·汤因比（Arnold Joseph Toynbee）又分别使用了"后现代"一词，前者在其《生活的宗教：后现代主义者必读》中指出，世俗的现代主义无以为继，应当回归宗教；后者则在其《历史研究》第五卷中，用"后现代"指第一次世界大战后大众社会的兴起，工人阶级开始在这个社会中占据更重要的地位。[①] 20世纪60年代，"后现代"的说法开始流行，主要用来表达一种不同于现代主义的艺术观念。20世纪70年代，这一术语进入建筑学领域，用来表达对一味追求整齐高效的国际主义风格的拒绝，寻求从传统元素中获取灵感。它进入哲学领域，则是在20世纪80年代，主要是指法国后结构主义哲学，表达一种对西方理念论传统的批判。1979年，弗朗索瓦·利奥塔（Jean-Francois Lyotard）出版《后现代状况：关于知识的报告》，成为开始在哲学领域明确讨论"后现代"的标志性事件。在这部著作中，利奥塔用"后现代"一词来描述高度发达的社会的知识状况："它标明了我们的文化经

---

① 参阅 陆扬. 后现代文化景观［M］. 北京：新星出版社，2014：32.

历了转变后的状态，即19世纪末以来，科学、文学、艺术的游戏规则都已经改变了。"① 这种对后现代知识状况的研究，特别是对现代知识和后现代知识之间差异的比较，突显了对传统哲学及宏大叙事的批判，以及对关注异质性、多元性、变动性的后现代知识的倡导。

从内容上说，后现代哲学产生的踪迹，要比这一概念本身有着更为长久的历史。虽然我们把利奥塔1979年出版《后现代状况：关于知识的报告》作为标志，但在20世纪中期的法国，现象学、存在主义、结构主义等现代哲学思想就已经走向衰微，后结构主义和哲学诠释学逐渐兴起。这个时期也常常被视为后现代哲学的发端期。这一时间认定，事实上是与后现代艺术、后现代建筑的兴起同步了，因而比从哲学上进行自觉的讨论要稍早一些。早期的后现代哲学家主要有米歇尔·福柯（Michel Foucault）、吉尔·德勒兹（Gilles Louis Réné Deleuze）、让·鲍德里亚（Jean Baudrillard）、弗朗索瓦·利奥塔、雅克·德里达（Jacques Derrida）、汉斯-格奥尔格·伽达默尔（Hans-Georg Gadamer）等人，美国实用主义哲学家理查德·罗蒂（Richard Rorty）也以后现代主义者自称。但是，再往前追溯，20世纪上半叶的埃德蒙德·胡塞尔（Edmund Husserl）、马丁·海德格尔、乔治·巴塔耶、雅克·拉康（Jacques Lacan）、罗兰·巴特（Roland Barthes）、路德维希·维特根斯坦（Ludwig Josef Johann Wittgenstein）等人，也都可以被视作后现代哲学的思想奠基者；19世纪的索伦·克尔凯郭尔（Soren Aabye Kierkegaard）和弗里德里希·威廉·尼采（Friedrich Wilhelm Nietzsche），则作为思想先驱丝毫不减地受到了研究者们的重视。在哲学史的划分中，从17世纪的笛卡儿哲学（Descartes' philosophy）以来到19世纪末的主流哲学，

---

① LYOTARD J F. The Postmodern Condition: A Report on Knowledge [M]. Bennington G, Massumi B, trans. Minneapolis: University of Minnesota Press, 1984: xxiii.

被称为近代哲学或早期现代哲学,从19世纪末20世纪初到20世纪60、70年代的主流哲学被称为现代哲学或晚近现代哲学。① 尽管如此,如果从宽泛的界定来探讨后现代哲学,那么,19世纪以来有影响并且有反传统倾向的哲学家,大都可以被视作后现代哲学的代表人物。在这样一种较为宽泛的界定中,后现代哲学家为数众多,这里只能拣选概述。

后现代哲学萌生的踪迹,可以追溯至黑格尔哲学(Hegelian philosophy)之后。在19世纪中后期,克尔凯郭尔和尼采等人开创性的思想贡献,就在于反叛和超越了黑格尔哲学,对其理性的至上地位进行了抑制,并试图恢复鲜活的生命。这种绕过由概念搭建的体系哲学,而直接与生命相关的路径,在克尔凯郭尔这里就表现为对个人生命的关注和叩问。克尔凯郭尔拒绝了黑格尔那种从绝对精神出发自我发展和自我认识而构建的包罗万象的封闭体系,强调了被抽象的纯粹思想的整体所忽略的个人的生命存在。除了哲学关注点的不同,克尔凯郭尔还认为哲学活动本身不是在书房里皓首穷经,面壁苦思,而是个人对自己的生活进行充满热情的探索。克尔凯郭尔对黑格尔的批判开启了新的哲学,这种哲学的出发点不是绝对精神,而是个人的具体的生命存在。当然,这种新的哲学之所以把个人作为出发点,是因为个人不仅在现代觉醒了,也在现代陷入了濒临消解的危机和绝望,只有重申个人的生存,才能把个人从种种形式化的集合体中挽救出来。如果说克尔凯郭尔在倡导新哲学的同时,主要还是黑格尔哲学的批判者,那么,尼采则是黑格尔之后的西方哲学的开拓者,也是后现代哲学的深刻引领者。戴维·哈维(David Harvey)认为,"尼采引领了把美学置于科学、理性和政治之上的道

---

① 参阅 赵光武主编. 后现代主义哲学述评[M]. 北京:西苑出版社,2000:17-18.

路"①。尼采对西方思想进行了彻底的革命，他摒弃了传统的哲学语言和哲学方式，塑造了一种崭新的哲学风格。他没有体系，也突破了语言的藩篱，大量地使用隐喻，并对西方文明的危机做出了超前而深刻的洞察，一再以"上帝死了"来宣称以上帝或绝对理性概念为基础的基督教和理性派哲学的终结。他扭转了知识高于生命的唯理智主义倾向，反对科学和理性对生命本身的僭越，反对由人虚构的真理和道德对人的激情的制约，努力直面无法完全用逻辑把握的生命自身。可以说，"尼采是一个从自己生命出发，并将自己的生命化为哲学的哲学家"②。克尔凯郭尔和尼采对黑格尔哲学体系以至古典哲学的批判性瓦解，形成了新的哲学方向，为后现代哲学的产生奠定了基调。

到了20世纪上半叶，西方的现代性危机催生了重要的哲学理论成果，分析哲学、现象学和诠释学等哲学运动登上舞台，在西方各国广为流传。随着启蒙运动的洗礼、自然科学的进步和心理学从哲学中分离出来，传统哲学关于上帝、物质和灵魂的研究主题逐渐失去意义。在这种情况下，数理逻辑的进展以及对于逻辑性质的探究，促使人们开拓新的哲学领域和哲学对象，通过语言分析而刷新了传统的哲学问题。于是，分析哲学把哲学问题转换成了语言问题，提出了一种作为分析命题意义的哲学观念。这种语言学转向，使哲学获得了新生，分析哲学也据此认为自己解决了两千多年来传统的哲学争论。当然，分析哲学并没有像早期维特根斯坦曾以为那样，解决了一切哲学问题，而是从诞生起就充满了争论和分歧，例如逻辑分析和日常语言的对立、逻辑经验主义与逻辑实用主义的差异等。维特根斯坦本身的神秘主义倾向，对于世界的界限

---

① [美]哈维．后现代的状况：对文化变迁之缘起的探究[M]．阎嘉，译．北京：商务印书馆，2003：28．
② 张汝伦．现代西方哲学十五讲[M]．北京：北京大学出版社，2003：60．

及其之外的领域"不可说"的认定,也对后现代哲学思潮的诞生有所启发。另一方面,与分析哲学几乎同时,现象学也开辟了摆脱传统哲学危机的道路。胡塞尔致力于把哲学作为最严格的科学,清除前提的随意性,回到事物本身,以现象为研究对象,最终达到明证性。现象学方法通过直观、分析、描述等,提供了创立新概念的有效方法,适应了在传统哲学的概念和思维方式被摒弃之后提炼新的概念话语的需要。"它既有德国哲学对理论系统性、综合性的爱好,又有法国哲学对观念明晰性和描述细致性的追求,还有英国哲学对语言意义的特殊敏感。"[1] 但是,这种关于严格科学的追求,最终走向了"生活世界"。胡塞尔关于生活世界的思想,把科学的最初前提放到了超出并包含科学的主观生活经验中,并且指出了生活世界的多重性、活动性、相对性,这也成为后现代哲学思想得以生长的重要土壤。在现象学运动中,还派生了海德格尔、伽达默尔等人的诠释学。海德格尔作为胡塞尔现象学的传人,将诠释学引入存在论领域,而伽达默尔、保罗·利科(Paul Ricoeur)等人,也运用现象学方法,建立了各自的诠释学的方法。从定义上说,"诠释学是具有历史性、整体性和循环性特征的意义的理解与解释之方法论学说"[2]。而从诠释学自身的发展历程来看,则先后经历了《圣经》注释理论、语文学方法论、理解和解释科学或艺术、人文科学普遍方法论、此在和存在理解现象学、实践哲学、想象艺术等阶段,完成了从特殊诠释学到普遍诠释学、从方法论诠释学到本体论诠释学、从单纯作为本体论哲学的诠释学到作为实践哲学的诠释学的重要转向。诠释学的出现,也是对时代危机的一种应对。现代性表现为以观念化的方式展开的对于理想的、完美的范型的无尽追逐,人们的思想和生活也在这种追逐的过

---

[1] 赵敦华. 现代西方哲学新编 [M]. 北京:北京大学出版社,2001:94.
[2] 潘德荣. 诠释学导论 [M]. 桂林:广西师范大学出版社,2015:5.

程中被控制和单向化，遗忘了胡塞尔所说的"生活世界"和海德格尔所说的"存在"，而诠释学则克服了认为自己可以直抵客观知识的自大态度，对于我们所归属的文化和历史情境给予了重新重视，具备了一种对于我们自身、对于人类的理性和自我的有限性的意识，起到了以具有开放性的诗性智慧平衡高歌猛进现代性进程的作用。

同时，在这些主流哲学思潮之外，还有一些在正统哲学史上没有得到较多关注的学者，也产生了重要的思想影响。如果说前者的影响是显性的，后者的影响就是隐性的；前者在地位上主要是学院派的，后者则往往是身处学院之外的。这些学院外的学者或作家，可以横跨学科，接触和融合学术生产体制之外的更多思想源泉，因此更加具有原创性活力。就后者来说，一个突出的代表人物，就是法国学者乔治·巴塔耶。巴塔耶一生中最稳定的正式职务，不过是图书馆的管理者。但是，他却融合了黑格尔、尼采、萨德（Marquis de Sade）、超现实主义、莫斯（Marcel Mauss）的社会学、基督教、印度文化等众多精神源泉，提出了一连串独具特色的概念，建构起独树一帜的思想世界，对理性主义和功利主义做出了深刻批判，深远地影响了福柯、德里达、鲍德里亚等后世学者，被视为法国后结构主义的先驱和整个后现代哲学思潮的重要策源地。尤尔根·哈贝马斯（Jürgen Habermas）甚至将巴塔耶与海德格尔相提并论，认为他们在尼采的基础上开辟了两条通往后现代的路线：一条是形而上学批判，目的是找到一条贯穿在时间中的源始的真正基础；一条是道德批判，目的是使单子化的自我封闭性主体重新回到内在生活领域。① 这从一个侧面说明了巴塔耶思想的重要地位，也是我们对其加以关注和研究的缘起。

---

① ［德］哈贝马斯. 现代性的哲学话语［M］. 曹卫东，等译. 南京：译林出版社，2004：121，250.

这些自 20 世纪初以来的哲学思潮，为后现代哲学的产生做了重要铺垫，并在一定程度上成为后现代哲学的重要资源。但是，也不难发现，这些哲学思潮并没有完全按照自己预想的哲学革命的目标前进，而是随着后来的技术、社会和思想的发展，开始走出理论的象牙塔，更多地面向生活和日常语言，面向日新月异的生存境遇，在批判传统、创新立异的道路上，做出了众多探索，并在六七十年代以后清晰地呈现出后现代哲学的喧闹形式。

作为后现代哲学的标志，利奥塔的《后现代状况：关于知识的报告》具有反对传统知识论的针对性，而这种对传统知识论的反对，又是基于对后工业社会知识状况的观察。后工业社会的知识，以计算机和信息技术为基础，成为知识分子们争权夺利的战场。在利奥塔看来，现代性明显诉诸宏大叙事，而后现代则表达出对宏大叙事的不信任，取而代之的是细小叙事，是某个领域的具体话语。福柯用微观权力分析，用对精神病、惩罚等专题研究代替对社会历史的一般研究。德里达从"语音中心主义"和"逻各斯中心主义"的批判入手，解构了西方由来已久的理性主义传统。德勒兹也对现代思想进行否定、怀疑和解构，用欲望的运动解构人性，用流动性、多样性和开放性的游牧思想批判西方哲学的形而上学传统。这些哲学思想共同构成了后现代哲学色彩斑斓的画卷的组成图谱。

后现代哲学的产生，是以 20 世纪的历史变迁为背景的思想演变的结果。在从传统社会到现代社会的转型过程中，启蒙运动的思想至少在客观的科学、普遍的道德和法律、自主的艺术这三个方面获得了发展，这些可以被称为现代性的规划。在现代性规划的努力中，包含着进步的观念，打破了历史和传统，使人类的知识和社会组织从神秘化的锁链中解放了出来。于是，一方面是不断打破传统的外在的流变，另一方面是对于普遍理性的内在的信念，成为现代性进程的重要表现。但是，这种进程在20世纪开始遭到质疑和挑战。两次世界大战、垄断程度的加深、资本的全球化扩张、新科技革命的蓬勃兴起、政治风云的动荡变幻、全球问题的频繁出现等重要历史现象及其经济社会后果，使人们对进步观念、理性观念产生了怀疑，对现代社会发展的狂飙突进产生了警惕甚至厌倦、否定的情绪。尤其是作为生产力发展重要突破要素的技术革命，对于社会政治和思想观念的影响虽然迟滞，却无疑是巨大的。正如历史学家斯塔夫里阿诺斯所说："至今世界历史在很大程度上是连续不断的技术革命的历史，……所有的技术革命——无论是一万年以前的农业革命，还是二百年以前的第一次产业革命，抑或是今天的第二次产业革命——都导致社会分裂，这种分裂要求在制度、思维方式以及人际关系等方面实行变革。"① 20世纪的技术和社会变革，导致了政治格局的多重性和文化发展的多元性。其中，从工业化进程向信息化进程的转变，以及文化商品化的发展和消费文化的兴起，进一步推动了文化特征和思潮演变向着无深度的、易逝的、碎片的、零散化的方向发展。后现代哲学思潮的产生，就是适应这种历史变迁的结果。它使人们开始对宏大叙事和空洞观念保持警惕，转而关注边缘，关注细微，关注生存中的断裂的碎片。

在从时间阶段、基本内容和历史背景等方面进行梳理的基础上，可以认为，后现代哲学的产生，远可追溯至19世纪中期，近可限定在20世纪中后期以来。前者是泛指整个西方以反传统哲学为特征的哲学，后者则专指超越了现代西方哲学、代表了一个新阶段的当代后现代哲学。在各种专业化的哲学史著作的探讨中，关于后现代哲学的论述大多还是

---

① ［美］斯塔夫里阿诺斯. 全球通史：1500年以后的世界［M］. 吴象婴，梁赤民，译. 上海：上海社会科学院出版社，1999：904.

专指当代后现代哲学。这种明确清晰的划分，符合学术分化的要求，也有利于具体探讨哲学人物及其思想内容。但是，从对思想史的挖掘和深层次理解来说，却相对缺乏对思想发展脉络的梳理和把握。作为对这种界定的补充，这里的探讨试图兼顾泛指与专指两者，即不仅关注当代后现代哲学，而且重视它借以产生的渊源和发展演变的总体背景。这就需要综合运用两种视角来把握后现代哲学概念，一是从内容及其表述上说，专指当代后现代哲学；二是从研究意识上说，泛指黑格尔哲学之后的以反传统哲学为特征的哲学。在后面的行文中，后现代哲学这一名称固然用于专指当代后现代哲学，这一点和其他许多通行论著是一样的；但是，由于这里所进行的研究，并非像严谨的哲学史著作中那样就当代后现代哲学本身展开，而是放在更宽广的视野下讨论当代后现代哲学的渊源与实质，因此也会超出严格的后现代哲学界定，有时泛指黑格尔哲学以后近两个世纪的哲学发展。当然，在此之前，还是需要对后现代哲学的思想内涵做出简要的梳理，从而使研究对象本身进一步清晰化。

二、后现代哲学的思想内涵

对于后现代哲学的思想内涵，只能进行诠释性的概括和把握。它是对一个阶段的、具有共同特质的哲学思潮的统称，诸多流派和哲学家的思想争论丰富多彩，甚至是庞杂繁复。在此我们无法逐一呈现，只能选取其中具有共通性的思想要点，加以阐述和探讨。

前文提到，后现代哲学包含着对启蒙精神的批判、对理性思维的拆解、对宏大叙事的拒斥等，这是一种简化了的、描绘性的表述，用以勾勒后现代哲学的思想内涵。具体说来，后现代哲学的出发点和最重要的内容，无疑是对于现代性做出的批判性反思。其中，最核心的内容，则是对抽象的理性主义和对自启蒙运动以来的人本主义的批判。并且，在这些批判性内容的展开中，后现代哲学也表现出了思维范式的转换和理论路径的不同。

一方面，后现代哲学有力谴责抽象理性。理性是现代性的内核，或者说，是现代性得以展开的依据和根基。正如斯蒂芬·贝斯特（Steven Best）和道格拉斯·凯尔纳（Douglas Kellner）在描述现代性与传统社会的对立时所说的："从笛卡儿起，贯穿着整个启蒙运动及其后继者，所有关于现代性的理论话语都推崇理性，把它视为知识与社会进步的源泉，视为真理之所在和系统性知识之基础。人们深信理性有能力发现适当的理论与实践规范，依据这些规范，思想体系和行动体系就会建立，社会就会得到重建。"① 理性之所以如此受到推崇，正是因为它在传统社会的信仰和纽带崩溃后，起到了重新建立思想体系和行动体系的作用。

就西方社会而言，对上帝的信仰、对教会的信赖、对领主的依附，以及延续千年的政治、经济、社会结构，在中世纪末期一系列意想不到的事件冲击下受到了质疑和毁坏。14世纪中叶，鼠疫在蒙古军队西征中暴发，随后在地中海沿岸传播，迅速席卷欧洲以至亚洲和非洲北部，欧洲人口由此锐减 1/3～1/2。这种在医学史上被称为"黑死病"的流行病，动摇了教会的权威，孕育了及时行乐的现世主义，农奴制度也随着人口锐减被瓦解，技术开始受到重视和开发以弥补劳动力的匮乏，新兴市民阶级逐渐作为一支独立的政治力量登上历史舞台。可以说，黑死病暴露了信仰及其组织形式的肉身性，在信仰随着肉身的腐坏而腐坏时，理性也就出现和突显了。在凤凰涅槃般的重建中，欧洲开始将社会的建构原则诉诸理性。

---

① ［美］贝斯特，凯尔纳. 后现代理论：批判性的质疑［M］. 张志斌，译. 北京：中央编译出版社，1999：3.

此后，伊曼努尔·康德（Immanuel Kant）开始思考人的理性能力及其范围，提出人是认识活动的立法者，运用先天的判断形式为自然界设定规则，人自身通过使用天赋理性而不断地摆脱蒙昧状态，历史也借助人的理性活动不断进步，从自然状态发展到社会状态，从蒙昧状态过渡到文明状态。随着理性的发展壮大，传统社会中的信仰不得不让出地盘。理性开始主导社会构建，合理化问题成为现代社会的构建原则，也成为现代性问题的核心。

马克斯·韦伯（Max Weber）揭示了西方现代社会的发展与合理化之间的内在联系。这种新的社会结构以资本主义企业和官僚国家机器为核心组织，并通过一整套制度而形成。这是目的合理的经济行为和管理行为的制度化。这种文化和制度上的合理化，以及现代世界中新的交往行为和普遍的行为规范、价值导向，构成了现代性问题的主要内容。随着合理化的推进，现代性在受到尊崇、做出贡献的同时，也开始不断暴露出自身的局限。韦伯在反思现代性方面的作用相当关键，对于他的论点，理查德·伯恩斯坦（Richard J. Bernstein）曾概括说："'有目的的工具理性'的发展并没有导致普遍自由的具体实现，却导致了一个官僚理性的'铁笼'，没有什么东西能从中逃逸出来。"[1] 这引发了对理性的质疑。

后现代性对于理性的质疑，包括对理性的社会历史效果的质疑，也包括对理性本身的质疑。理性的社会历史效果在许多领域都有表现，构成了丰富的现代社会现象。从理论上说，有约翰·洛克（John Locke）和孟德斯鸠（Charles-Louis de Secondat, Baron de la Brède et de Montesquieu）等人提出的宪政民主、三权分立原则，康德提出的人的自由原

---

[1] 转引自［美］哈维. 后现代的状况：对文化变迁之缘起的探究［M］. 阎嘉，译. 北京：商务印书馆，2003：24.

则、平等原则、独立原则，黑格尔提出的作为伦理实体的国家以及国家与市民社会的分离等；从实践上说，在社会与国家的组织原则与形式等方面有许多表现，造成了政治和宗教的分离，教会失去了对一般意义上的政治、文化、教育的控制，以及经济与政治、道德的分离，实利主义的经济观主导了社会财富的无止境的增长。然而，后现代哲学却认为，从理性出发对社会方方面面的总体设计，最终造成了操纵和压制个体的意愿与行为的结果。由于对理性过度张扬，现代性一度演变为一种控制和统治的形式。在这种控制和统治的形式之下，更加全面和充满可能性的生命空间被禁锢了，服从于官僚理性的"铁笼"；同时，在同质化基础上一往无前的量的增长也抹平了质性差别，外部的自然和人自身的自由时间都被统摄起来，服务于工具理性所追逐的片面目的。

理性的根源埋藏于古希腊文化的土壤，或者可以说，这是古老的希腊传统的一种现代表达。拉开现代社会序幕的文艺复兴，所复兴的内容就是在漫长的中世纪里遗失了的古希腊文化传统。约瑟夫·熊彼特（Joseph Alois Schumpeter）就认为："理性思想的产生当然早于资本主义制度达数千年之久；资本主义所做的是给这个过程以新的推动和特定的转折"。[①] 所谓资本主义文明的理性主义性质，其实是源自古希腊传统。这正如阿尔弗雷德·诺思·怀特海（Alfred North Whitehead）所说的，两千多年的西方哲学不过是柏拉图哲学（Platonic philosophy）的一个注脚。柏拉图的理念论奠定了将一体世界二元化，并把理性演绎放置于感性经验之上的基本结构。后现代哲学对理性的批判，不仅是批评它忽视和压抑了人的非理性因素，牺牲了情感和意志，更是从知识社会学的角度看到它与权力结合了起来。后现代哲学家们一般认为，"理性"不仅

---

① [美] 熊彼特. 资本主义、社会主义与民主 [M]. 吴良健, 译. 北京：商务印书馆，1999: 231.

是思考的工具，也是权力的工具；不仅是排斥和压制非理性的借口，也是掌握权力者压制不同意见、压制异质文化的借口。例如，在巴塔耶的影响下，福柯也展开了对现代理性的批判性反思，指控了理性对非理性的压迫与统治，并对那些被理性规范排斥到现代社会边缘地带的疯子、犯人、移民、同性恋者等，表现出了极大的同情；利奥塔指出，理性与权力其实是一体的，伴随理性而来的是监狱与禁止；德里达也认为，理性是与一种压迫性的、集权性的生活方式和种族中心论的文化帝国主义相一致的。这些后现代哲学观点所表达的内容，可以认为是对理性的非理性本质的揭露，所谓理性，从根本上说也是非理性的。这在一定程度上重新平衡了信仰与理性的关系。

另一方面，后现代哲学也深刻反思人本主义。如果说理性是现代性的话语模式，人本主义则是现代性的立场设定。这种立场设定，在经历了纳粹德国建立的"奥斯维辛"集中营和世界大战、环境污染等科技运用的灾难性现象之后，引起了后现代哲学的深入反思。

人本主义源自启蒙思想，而启蒙思想的一个重要指向，就是把个人从各种传统文化和传统社群的束缚中挣脱出来，转而倡导运用科学技术和理性力量追求人类的普遍解放。"人都成了自身生命的主宰，不再单向地屈从于处在他者和某种超验原则的统治。这就是西方现代性的基本精神状况。"[①] 在中世纪末期，天国的幻梦被抛弃了，尘世的幸福则受到宣扬和追求。被誉为"文艺复兴之父"的弗兰齐斯科·彼德拉克（Francesco Petrarca）就曾说过："我不想变成上帝，或者生活在永恒中，或者把天地抱在怀抱里。属于人的那种光荣对我就够了。这是我所

---

① 罗骞. 批判视角下的西方现代性基本精神 [N]. 中国社会科学报，2022-09-20（2）.

祈求的一切。我自己是凡人，我只要求凡人的幸福。"① 相比于曾经光芒照耀四方而在中世纪末期的危机中又黯淡下去的神性信仰，人性本身的意识和尊严开始彰显起来。人们的思想逐渐摆脱了基督教神学的束缚，从神本到人本的思想过渡成为日益增强的变奏。在对于人的认识和肯定上，继弗朗索瓦·拉伯雷（Francois Rabelais）的《巨人传》、达·芬奇（Leonardo da Vinci）的《维特鲁威人》等文艺复兴时期的众多作品之后，人的权利和价值在启蒙运动中又得到了进一步肯定。比如，约翰·洛克进一步强调了人的天赋权利和自由，特别是财产权；功利主义的观点侧重从个人的利益出发，认为人有追求快乐和财富的天赋权力；让-雅克·卢梭（Jean-Jacques Rousseau）则认为，人的本质不在于欲望即追求个人私利和快乐满足，而在于善良意志即追求他人和社会的承认，人是由于社会及普遍的道德意志才成其为人。如果说这些还只是对人本主义思想以理论观点的形式进行的直接表达，那么，在其他各个方面思想史的发展线索中，事实上也间接地渗透了人本主义。这种自16世纪以来萌发和延续的思想史变迁，被福柯概括为两次认知型（l'épistémè）的更迭及其造成的两个间断性："第一个间断性开创了古典时代（大致在17世纪中叶），而第二个间断性则在19世纪初标志着我们的现代性的开始。"② 在现代性开始之后，人本主义就和理性相伴而成为一个重要的思想支撑点，并对各方面的思想理论产生深刻影响。在这个阶段，亚当·斯密（Adam Smith）的劳动理论也从人本主义的观点改变了对财富的看法。经由斯密，财富所表象的内容就从欲望的对象变成了抽象性的劳动，也就是说，人们开始认识到，是劳动生产出财

---

① 北京大学西语系资料组. 从文艺复兴到十九世纪资产阶级及文学家艺术家有关人道主义人性论言论选辑 [M]. 北京：商务印书馆，1971：11.
② [法] 福柯. 词与物 [M]. 莫伟民，译. 上海：上海三联书店，2001：11.

富,财富是劳动的凝结。这种人本主义的财富观和价值论,是19世纪认知型发生变化后才有的观点。

后现代哲学没有像现代性那样固执于人类自我。现代性突出了人的"主体性",将人视为世界的中心,甚至对待外部世界采取了掠夺者、利用者的态度。这样一来,个人的贪婪欲望和权力意志就会成为最终的追求目标和价值依据,而理性则会沦为工具,用以使他人遵从和屈服。后现代哲学则将此视为一种虚妄。人不是孤岛,而是处于复杂的社会关系网络中的一个节点;人看似是能动的建造者,而事实上却也是被建构的。这正如马克思所说的:"人的本质不是单个人所固有的抽象物,在其现实性上,它是一切社会关系的总和。"① 从后现代哲学的观点看,人事实上不是世界的中心,而是世界系统中的一部分。当人规划、干预、操纵、控制社会与自然时,也忘却了存在的意义,沦为技术的奴隶。人应当作为世界的一部分,领会自身的命运,关注与其他部分之间的动态和谐。

对抽象理性和人本主义的批判,归根结底都是对现代性之内核的批判。后现代哲学相对于现代哲学,呈现出一种突出的、转折性的变化。如果延续福柯关于认知型变化的论述,那么,后现代哲学也造成了一种认知型的更迭,在如何看待人自身这一问题上,从凭借理性张扬人自身的地位展开对整个世界的谋划和驾驭,转向了对世界整体的把握。如果借用托马斯·库恩(Thomas Samuel Kuhn)的"范式"理论来解读这种变化,那么,也可以说后现代哲学相对于现代哲学出现了一种范式的转变。库恩着眼于科学发展探讨了范式变化与科学革命的关系,指出科学革命是两个范式之间的变更,是整个科学解释构架的变更,也是世界图

---

① 中共中央马克思恩格斯列宁斯大林著作编译局. 马克思恩格斯文集:第1卷[M]. 北京:人民出版社,2009:505.

景的改变,"范式一改变,这世界本身也随之改变了"①。可以认为,后现代哲学表示了现代性之后的一个新的范式,它相对于现代哲学事实上也实现了一种范式上的转变。现代哲学都有基础性的概念,都以此说明世界。后现代哲学则鲜明地颠覆了这种"元叙事"。利奥塔说:"简化到极点,我们可以把对元叙事的怀疑看作是'后现代'。"② 这种对元叙事的怀疑,表明了现代哲学与后现代哲学之间的一道鸿沟,即前者将自身建立于元叙事的话语之上,而后者则从根本上不信任、排斥这种元叙事。

后现代哲学不仅在思想内容上突出了对现代性的批判和对现代哲学的超越,而且在风格上相对于现代哲学也有了不同的表现。这些不同的表现,在许多概念表述和思想形态中都有所渗透和体现。根据伊哈布·哈桑(Ihab Hassan)的分析,相对于现代主义的封闭"形式",后现代主义强调开放的"反形式";相对于现代主义的目的和设计,后现代主义强调游戏和机遇;相对于现代主义的确定性,后现代主义强调不确定性;相对于现代主义的"超越",后现代主义则强调"内在性";等等。③ 这种风格上的不同,在城市规划方面也有所表现。相对于现代主义的城市规划者有意设计一种封闭的形式,试图把握作为一个总体的大都市,后现代主义者们往往把都市进程看成是不可控制的和混乱无序的,这种混乱无序在一种完全开放的情景中发挥着作用,并不断发生着变化。这种风格上的不同,事实上表现出了理论路径的变化。后现代哲

---

① [美] 库恩. 科学革命的结构 [M]. 金吾伦, 胡新和, 译. 北京: 北京大学出版社, 2003: 101.
② LYOTARD J F. The Postmodern Condition: A Report on Knowledge [M]. Bennington G, Massumi B, trans. Minneapolis: University of Minnesota Press, 1984: xxiv.
③ 参阅 [美] 哈维. 后现代的状况:对文化变迁之缘起的探究 [M]. 阎嘉, 译. 北京: 商务印书馆, 2003: 61-62.

学不再是按照具有内在一致性的理论思辨方式,而是按照类似内在体验的方式进行探索和创作的。

归根结底,后现代哲学的基础在于一种在世界上体验、解释和存在的特殊方式。在这样一种特殊的展开方式中,时间不再是连贯的,把个人经历或精神生活的过去、现在与未来统一起来的能力丧失了,把事物之间按照一定的结构连接起来的意义链条瓦解崩溃了。在这里,甚至早期马克思的异化理论也受到了一定程度的挑战,因为异化预设了一种统一的真实自我,而后现代哲学则从根本上摒弃了这种稳定的自我,而倾向于认为自我是分裂的、不确定的、无法统一的。祛除了这种核心化的个人身份之后,在时间中从事的面向未来的谋划就失去了根基,一切都变成了在不确定性中随顺机缘的游荡和展开。时间变成了无关联的时间,变成了瞬间的、只关注现在的即刻性,事物在时间秩序上崩溃了,崩溃之后的碎片却可以被再度拼凑。于是,事件的发展,乃至世界的展开,就不是矢量的线性轨迹,而是晕染开来的因缘整体。

三、后现代哲学的派别

后现代哲学虽然在思想内容上具有共同的焦点和特征,但当代主要后现代哲学家的思想内容却无疑是异彩纷呈、各有特色的。在个别地考察相关哲学家主要思想内容的基础上,从宏观上来把握后现代哲学家们的思想,可以把它们归属于不同的流派。通过梳理这些流派及其演变过程,我们可以进一步在历史与逻辑的交融中把握后现代哲学。

从对待现代性的不同态度上,可以把后现代哲学分为"激进的后现代哲学"和"建设性的后现代哲学"两大类。那些较为极端的后现代哲学彻底否定现代哲学,呼吁与现代话语决裂,发展新的理论模式和价值体系,可以称之为激进的后现代哲学;随后产生的建设性后现代哲学，侧重于发展积极的、肯定的、建构性的思想内容。激进的后现代哲学的主要流派，有以法国哲学家德里达、福柯等人为代表的后结构主义，以德国哲学家伽达默尔为代表的哲学诠释学，以美国哲学家罗蒂为代表的新实用主义等；建设性后现代哲学的主要流派，则有以德国哲学家霍耐特为代表的批判理论，以英国哲学家怀特海和美国哲学家小约翰·柯布（John B. Cobb, Jr.）、大卫·格里芬（David Ray Griffin）为代表的过程哲学等。无论是激进的后现代哲学还是建设性的后现代哲学，事实上都在延续或回应第二次世界大战后法国哲学理论做出的创造性贡献。

激进的后现代哲学在法国最先获得了较为全面、极端的发展，而法国之所以能够成为后现代哲学的滥觞之地，就在于它为其提供了三个重要的思想起源：一是法国理论中反叛笛卡儿理性主义的思潮，这种思潮"贯穿了从启蒙运动（攻击理论理性，赞成理性的社会变革）到孔德和涂尔干（攻击哲学理性主义，赞成社会科学），再到萨特和梅洛-庞蒂（试图让哲学为满足人类存在之具体需要服务）的整个反理性运动的全过程"；二是法国的反启蒙传统，"这种反启蒙传统起源于德·萨德爵士（De Sade）、巴塔耶（Bataille）、阿尔托（Artaud）以及那些（被哈贝马斯称为）'资产阶级晦暗作家'对理性的批判"；三是法国学者对尼采和海德格尔思想的接受，"对法国理论背离黑格尔、马克思、现象学和存在主义，转向发展一种新的理论形式，起了重要的作用"[①]。这种反理性、反启蒙的思想沃土，促成了法国思想在后现代理论领域的引领地位。到了20世纪60年代，具有语言学取向的结构主义和拉康的精神分析风靡一时，致力于对共同体中各部分之间相互关系和社会系统中

[①] [美] 贝斯特，凯尔纳. 后现代理论：批判性的质疑 [M]. 张志斌，译. 北京：中央编译出版社，1999：20-21.

各种深层规则的揭示,形成了对此前的人本主义及其主体性、意义等概念的拒斥。这为后结构主义者的思想创新做出了必要的铺垫。

后结构主义者对结构主义有所继承,延续了其中的基本规则和对人本主义的拒斥,但又进一步强调了符号的任意性、差异性和无所指性,强调了语言、文化、实践方式、主体性以及社会本身的任意性和约定俗成性。后结构主义更加倚重历史主义,强调动态性,而对结构则采取了否定、消解的态度,摆脱了结构主义对统一性和单一本质的追求。德里达是后结构主义的一个重要代表。1966 年,美国开始步入结构主义时代的时候,德里达就声称结构主义已经开始衰落了。他认为西方传统思想就是一系列结构更迭的历史,并用"逻各斯中心主义"(logocentrism)来加以概括。"逻各斯"具有说话、思想、规律和理性等含义。"逻各斯中心主义"一方面要寻求知识和真理的确定基础,建构出一种关于主体与客体、现实与表象、理性与本能的等级体系;另一方面把言语、语音作为语言的本质,把文字作为附属的、次等的表达方式,作为对"理性的声音"充满误解与混乱的无声倒退。简言之,它是在场形而上学(metaphysics of presence)与语音中心论(phonocentrism)的结合。通过这些批判,德里达运用解构的方法,从内部突破,揭露了现代哲学文本自身的矛盾,探索了潜藏在西方人文化意识中,并制约其思维方式和行为方式的历史文化结构,颠覆了这一结构的中心与边缘、基础与本质、等级序列,为突破原有的哲学与文化的局限,向新的阶段迈进做出了贡献。德里达所代表的这种后结构主义,具有相当重要的地位。后现代主义得以形成一种广泛的社会思潮和文化氛围,就是在后结构主义作为哲学加入后现代的文学艺术、后工业社会的社会科学之后才实现的。

后结构主义在法国广泛兴起,哲学诠释学则在德国产生并形成影响。诠释学(Hermeneutics)这个词语来自古希腊名为"赫尔默斯"

（Hermes）的信使之神。在古希腊，一个概念和判断的意义，由其所对应的客观对象来说明。在中世纪，诠释学成为专门对《圣经》诠释的学问。威廉·狄尔泰（Wilhelm Dilthey）把诠释学带入了哲学，他认为自然科学是对外界事物的说明，精神科学是对社会历史现象的理解，而理解更为根本。海德格尔把诠释学引入了存在论领域，提出了由已经理解的前见和从理解派生而来、又规定理解的诠释构成的"诠释学循环"。伽达默尔、利科等人则从现象学过渡到诠释学，使诠释学作为一个独立的流派登上了哲学舞台。伽达默尔的新诠释学，超越了传统的主、客体关系模式。比如，在他的"效果历史"（effective history）概念中，历史既非客观的，也非主观的，而是涵盖了主客观的关系。这一概念强调，对历史的主观理解同时也是历史造就的客观效果。"视域融合"的概念则强调，理解是人在一定处境中进行的，这种处境是历史的产物，同时又随着理解的进行而不断生成变化，这就形成了流动着的开放的视域。在此基础上，伽达默尔指出，"偏见"也有其合理性，任何诠释都是一种创造性的偏见。启蒙运动提出反对一切偏见，其实是对偏见的偏见，把原本具有历史性的理性绝对化了。同时，哲学解释学也突出了语言过程，语言是理解和诠释的媒介，语言的多样性和复杂性意味着世界观的丰富性，语言的无限循环则体现了反对静止固定的传统观念的性质。哲学诠释学体现了后现代文化的多元化趋势和开放性、创造性，因而在许多人文社会科学领域都有显著影响。

美国的新实用主义也是后现代哲学的一个重要流派。罗蒂是新实用主义的代表人物。由于他的分析哲学背景和对分析的反叛，他的学说有时也被称作"后分析哲学"。他反对实在论和基础论，否认把心灵认作自然之镜的哲学认识模式，强调语言行为在与自然打交道时的作用。他也跳出了分析哲学的窠臼，认为分析哲学只是用语言分析代替了认识论，但是，关于主观如何符合客观的根本主题并没有被分析哲学所改变。他不再把哲学作为高于其他学科的理论体系，而是认为哲学在不断地与其他学科相结合并构成新的话语，不断地开拓新的影响社会生活的知识领域。他认为，新的哲学不再是体系性的，而是启发性的。这种"启发"（Edifying）来自伽达默尔的"教化"（Bildung），它是各种不同领域的事件或思想相互交流的产物，而不是辩证发展的必然结果。启发性哲学的目的，也不是如何更精确地反映现实，而是扩大和促成交流与共识。简单说来，在罗蒂的新实用主义的叙事中，从启蒙运动到后现代哲学，经历了神学文化、后神学文化（哲学文化）、后哲学文化这三个阶段，而最终后哲学文化摒除了本质、基础、核心、结构等观念，成为一种变动不居的多元文化，从而实现了对传统哲学的颠覆。

在后现代哲学中，法国的后结构主义和美国的新实用主义起了尤为重要的理论作用。它们分别提出了反逻各斯中心说与反基础主义论等观点，都旨在反对现代形而上学。因此，二者可谓异曲同工、殊途同归。这种对现代形而上学的反叛，与马克思哲学也有所呼应。马克思哲学也实现了对现代形而上学理论建构的超越。然而，两者无疑也存在重要差别。如果说马克思主义是从活生生的人类实践的层面来反证形而上学的贫瘠与虚妄，使哲学从天国回到人间，从彼岸回到此岸，那么，后现代哲学反对形而上学则主要侧重从思维和语义层面来消解现代形而上学固有的二元对立思维模式，目的是要实现思维范式和理论路径的转换。但是，后现代哲学对现代性的批判也达到了一种在思想发展史上具有转折性的高度，并形成了广泛的文化影响。后现代哲学与现代形而上学的这种重大分野，也形成了与马克思哲学的共通之处。

当然，除了这些主要的流派之外，还有一些在思想上有突出影响的人物，如德勒兹、福柯、利奥塔、鲍德里亚等，引起了学者们的关注和持续研究。德勒兹批判现代性，提倡反辩证法的差异哲学，在黑格尔的辩证法与尼采的谱系学之间强烈地倾向于后者，并用"欲望"一元论代替传统的主客二元论，把空间理解为不断生成变化、分裂增殖的事件折叠，而非一个分布有序的点状结构。福柯对现代性的批评侧重揭示理性的权力与控制的力量，宣扬不可通约性、差异性和离散性，并用"知识考古学""知识型"等考察了观念变迁的历史条件和话语结构，特别是"人"这个概念的出现与危机，进而对那些被主流观念所排斥的边缘话语进行了研究，开拓了微观政治的领域。鲍德里亚和利奥塔则侧重于对后工业时代的分析与想象。鲍德里亚强调，在后现代时期，技术和信息的新形式占据了核心地位。原有的生产性社会秩序被调整重建，向消费型社会过渡，虚拟、仿真等新技术手段在其中发挥日益重要的作用，成为人们借以不断构建和扩张世界的重要方式。利奥塔也强调这个时期的信息化对社会产生了重要影响，它改变了人们体验世界的心灵状态。

上述流派和人物主要对现代性持批判态度，但是，尽管这种现代性批判在后现代哲学中形成了浩大声势，但不是所有学者都一边倒地持相同的立场。与这种对现代性的激烈批判相对应，哈贝马斯则自觉用"现代性"对抗"后现代性"。他延续了康德关于科学、道德和艺术的三重区分，把职业性的科学、普遍的道德准则和法律、自由的艺术创作视为现代文明的标志。他也同意对工具理性和科学主义的批判，但他同时认为，后现代哲学的批判是从艺术强调自由创作的角度出发的。这和西方现代社会用工具理性的超常发展牺牲道德和艺术一样，是以艺术美学的超常发展牺牲了理性和道德，两者都是用一个极端来取代文化的全部。作为现代性的维护者，哈贝马斯认为现代性仍然是一项未竟的事业，仍有许多潜能没有发挥出来，需要我们继续和完成。他将对现代性持否定态度的观点称作"保守主义",并根据各种不同观点划分为"老保守主义""新保守主义"和"青年保守主义"。① 在他看来,老保守主义对现代性的否定意味着对前现代性的怀旧,是在观察到现代性的分化与衰落时,试图不切实际地回到前工业时代;新保守主义接受社会经济方面的现代化取得的可喜成就,而拒绝文化上的现代化带来的困境,可以说是针对文化方面的、并非完全的而是部分的保守;青年保守主义则彻底反对现代性,经由福柯和德里达而得到彰显,把一种从生产性劳动和功利性谋划的强制中解脱出来的启示与工具理性对立起来,诉诸自我力量、自我体验而表达一种不可调和的反现代立场。对于哈贝马斯来说,无论这些保守主义者之间差别如何,他们都持有反对现代性的立场,因此都是保守的。这种保守性,其实就是针对现代性的否定性,因而这里的"后现代"(post-modern)其实就相当于"非现代"(not-modern),可以理解为从现代社会的机制与价值倒退,甚至出现确实性和稳定性的丧失,也可以理解为是要积极主动地与现代的东西进行决裂,从而进入一个完全崭新的阶段或状态;另一种态度的后现代哲学,则站在维护现代性的立场上,把后现代理解为进一步强化了的现代性,这里的"后"可以被理解为接续,"后现代"则可以被理解为"高度现代"(hyper-modern),不仅依赖于现代性,而且是对现代性的继续和强化,是现代性的新发展和新面孔。

批判理论在一定程度上采取了延续和强化现代性的立场。哈贝马斯批判了工具理性及其导致的生活世界殖民化,但并不是要完全否定理性,而是要用更具有合理性的"交往理性"取而代之。他把马克思主义传统的劳动范式转换为交往范式,由此对历史发展的理解就不再根植

---

① 冯俊,等. 后现代主义哲学讲演录 [M]. 北京:商务印书馆,2003:4-5.

于社会劳动中，而是根植于社会互动中。这种用交往理性重建现代性的策略，当然也是基于对现代性病症的诊断，只是哈贝马斯比起激进的后现代哲学家来说，对现代性的自我更新和完善抱有更多的期待。他希望通过完善理性的内涵来限制现代性的毁灭力量，而为现代社会重新提供一种合法性基础。作为法兰克福学派第三代核心人物，霍耐特则在哈贝马斯交往理论的基础上进行了反思和重构。他既不赞同早期批判理论的劳动范式，也不同意哈贝马斯用合理化来解释社会发展，而是认为"社会发展不能用社会合理化逻辑，而只能用社会冲突动力学来解释"。而且，只有蔑视体验才能成为社会反抗的道德动机，这种蔑视不是对内心语言规则的限制，而是对社会化获得的认同要求的伤害。[①] 由此，为承认而斗争，或者说蔑视与反抗，就成为霍耐特的重要理论主题，也使批判理论从交往范式的语言理论转向了承认理论。

在美国，弗雷德里克·杰姆逊（Fredric R. Jameson）也是提倡重建的批判理论家。他从西方马克思主义理论资源出发，将后现代性置于晚期资本主义的发展过程之中予以分析，以比较冷静、客观的态度对待后现代，在马克思对早期资本主义的分析基础上，从资本的角度准确地对"后现代主义"进行了分析和判断，不仅看到了现代与后现代之间的断裂，而且强调了两者之间的连续性，也就是说，后现代哲学并不是突然出现在现代哲学戛然止步的地方。他说："两个时期之间的截然断裂一般并不关系到内容的完全改变，而只是某些元素的重组：在较早的时期或体系里是从属的特点现在成了主导，而曾经是主导的成了次要。"[②]

---

① 王凤才. 从语言理论到承认理论：霍耐特对哈贝马斯交往理论的反思与重构 [J]. 山东大学学报（哲学社会科学版），2007（3）：41.
② [美] 詹明信. 晚期资本主义的文化逻辑：詹明信批评理论文选 [M]. 陈清侨，等译. 北京：生活·读书·新知三联书店，伦敦：牛津大学出版社，1997：416.

与德国法兰克福学派侧重理论建构相比，杰姆逊侧重分析后工业资本主义的生产组织方式及其带来的新文化形式，这种新文化形式不同于现代主义的过去，而是作为晚期资本主义文化逻辑的新表现形式的后现代主义。

建设性的后现代哲学同样从合理性的立场出发，认为对现代性的批判不是要否定合理性，而是要使之进一步合理化。激进的后现代哲学把理性视为现代性的核心部分加以抨击，与此不同，建设性的后现代哲学则把现代哲学和现代科学视为一种本质上反理性的运动，应当进一步从恢复理性的角度做出思考。查尔斯·桑德斯·皮尔士（Charles Sanders Peirce）、威廉·詹姆斯（William James）、亨利·柏格森（Henri Bergson）、怀特海和查尔斯·哈茨霍恩（Charles Hartshorne）等人，在这方面具有许多共同之处，可以被称为建设性的后现代哲学家。[①] 建设性的后现代哲学家与激进的或解构的后现代哲学家之间的区别，与是否提出了一种补充性的世界观密切相关。换言之，激进的后现代哲学旨在克服所有的世界观，克服对总体的把握与概括，解构借以构成某一种世界观的各种概念；而建设性的后现代哲学家则认为，可以寻求一些概念，以破除那种自足封闭的世界观，破除现代性中的反理性因素。现代性的反理性因素，突出表现在身心问题上。松果腺（pineal gland）、动物精神、上帝等，都被用来说明物质身体和精神心灵之间的相互作用如何可能的问题，而这些说明事实上是无效的，也是非理性的。建设性的后现代哲学家并不满足于宣称这些说明无效，而是积极追寻探究之路，修正那些使人陷入困境的前提。在身心问题上得到建设性的后现代哲学家认可的是，心灵与大脑不同，但是心灵与大脑细胞并不是不同类型的实体。同

[①] 参阅［美］格里芬，等. 超越解构：建设性后现代哲学的奠基者［M］. 鲍世斌，等译. 北京：中央编译出版社，2001：3.

样，在时间问题上，建设性的后现代哲学家坚持的是一种根本的暂时性的实在，因而一般被称为"过程哲学家"。

从根本上说，建设性的后现代哲学既不是基础主义的，也不是容易导致相对主义的激进的反基础主义的，而是拒斥了现代哲学中的那些会导致自我否定的前提，转而承认不同的传统有着不同的根基和不同的预设。它所主张的不是简单地摧毁现代性，而是要超越现代性，是在解构的同时寻求积极的重建。建设性的后现代哲学在批判现代性的个人中心主义的同时，倡导主体间性，把个人从原子化的孤立存在转换为网络中的节点，试图消除人与我、主与客的对立隔阂；在批判现代性的人类中心主义的同时，主张把人与自然作为一个有机的整体，把自然从占有、开发、掠夺的对象转换为人类栖身其中的、维持着动态平衡的共生存在；在批判现代性的中心化、等级化、结构化的同时，主张去中心化，给予弱势力量、边缘群体同等的关注。简言之，建设性的后现代哲学没有继续创造优越感和封闭性，而是促进了一种谦逊感、开放性和积极性。

后现代哲学的流派虽然各不相同，但是有着共同的特质。比如，拒斥形而上学，反对统一性，取消本质主义，宣扬不可通约性、不确定性、易逝性、碎片性等。格里芬认为，"后现代主义（总的来说）是一种情感（sentiment），即一种现代性是某种我们必须超越的东西的情感"①。从这个角度来说，后现代哲学或进行批判性的反思，或进行彻底化探索，实际上都是围绕着现代性而展开的。对于理解和把握后现代哲学，研究巴塔耶的哲学思想具有重要的启发意义。巴塔耶进行着不断越界的思想创新活动，对于辩证法和理性思维等我们惯常依赖的范式与

---

① [美]格里芬,等. 超越解构：建设性后现代哲学的奠基者[M]. 鲍世斌,等译. 北京：中央编译出版社,2001：45.

路径进行了新的诠释和更替。在巴塔耶将尼采引入法国思想界之后,德勒兹进一步将尼采纳入了一种系统化的解读中,并从中发现了游牧思维、块茎思维等辩证思想的替代物。德勒兹曾说:"我最憎恶的莫过于黑格尔主义和辩证法。"① 这种对现代哲学核心模式的"憎恶",事实上为哲学思维挣脱束缚、不断创新提供了更多的空间。后现代哲学的不同流派,就是在现代性批判的共同立场之上生发出的不同倾向和丰富表现。激进的后现代哲学对现代性的核心概念进行深刻的拆解与批判,拒绝了建立一种总体世界观的可能性;与激进的后现代哲学相比,建设性后现代哲学不是要求彻底颠覆、全盘摧毁,而是强调更加稳健地对现代性进行批判反思,并在超越现代性的基础上建立新的世界观,从而构建对当代社会发展具有指导意义的思想。

后现代哲学的兴起及其对现代性批判的丰富展开,有利于人们综合汲取居于现代性两端的传统文化与后现代文化,从而在这种综合创新的基础上实现对现代性的超越。这种超越意味着把传统的、现代的与后现代的文化精神融会贯通起来,形成一种不受既定模式限制的思想视界,并在此基础上不断产生开创性、引领性、前瞻性的思想成果。

---

① 参阅[美]贝斯特,凯尔纳.后现代理论:批判性的质疑[M].张志斌,译.北京:中央编译出版社,1999:103.

第二章

辩证法与异质学

后现代哲学在思维范式上实现的反省与转变,突出表现在辩证法与异质学之间的差别上。在这方面,巴塔耶对辩证法及其观念同一性的拆解与批判,以及在此基础上形成的独具特色的异质学思想,为后现代哲学的产生和发展奠定了基础,对后世哲学思想也产生了深远的影响。在此,我们将首先梳理辩证法的演变与形成历程,指出辩证法的危机,进而阐述异质学在思维范式层次上对于辩证法的置换及其作为后现代哲学内在逻辑的重要地位。

一、辩证法的演变与滥用

辩证法对于中国人的影响毋庸赘言。它在思维方法层面发挥了极大的普及和指导作用,使人们能够自觉避免片面、孤立、静止的观点,而能够以全面的、联系的、运动的眼光看待事物和处理问题。然而,也应当看到,人们对于辩证法的实际理解有时又会处于"熟知而非真知"的境地。甚至可以说,对辩证法在认知上误解和在观念上迷信的程度,作为一个指征,往往也体现着思想粗浅和思维混乱的程度。而要还原辩证法的本来面目和本来意义,则必须通过学术上追根溯源的清理工作才能完成。

第二章 辩证法与异质学

"辩证法"这个词，对应的英语是 dialectic（s），对应的德语和法语分别是 dialektik 和 dialectique，而这些词都源于古希腊文 dialego（διαλεγω），其中，"dia"是指通过，"lego"是指言说、说出。所以，辩证法的直接含义，其实就是进行谈话辩论，在辩论中揭露对方议论中的矛盾，进而通过克服这些矛盾以求得真理。从动词 lego 出发又发展出了 logos，也就是"逻各斯"，指世界的可理解的规律。逻各斯的这种可理解性，又意味着话语言说的规则，它从根本上说是指理性。随着语言形态的变化，logos 后来又发展成如今人们熟悉的"logic"，即逻辑。讲逻辑通俗说来就是要讲理，遵循理性规则，表达清晰严密。

辩证法的本意是指会话的艺术。它要求互相辨析，甚至互相诘难。通俗地说，它不仅要讲理，而且要相互讲理，也就是要有至少两个都讲理的人交谈、辩论。这和古希腊的城邦政治有着渊源关系。城邦的政治协商，要求自由、公开地谈论公共事务。在柏拉图的《理想国》一书中，就有大量这样的交谈、对话。比如，关于"正义"的讨论：一个人会说，"欠债还债就是正义"；另一个人说，"我们欠敌人的要不要归还呢？"就像一首革命歌曲唱到的那样，"没有枪，没有炮，敌人给我们造"，显然，拿了敌人的枪炮是不必归还给敌人的；于是，人们不得不说，"正义就是给每个人以恰如其分的报答"，这样一来，帮助朋友、伤害敌人就是正义的了；第二个人又可以说，那怎么区分朋友和敌人呢，如果没有分辨力，帮助了坏人、伤害了好人，显然不是正义的；第一个人只好又说，帮助是好人的朋友，伤害是坏人的敌人。至于怎么分辨敌友好坏，就要好好学习，增长见闻，提高本领。[①] 这就是辩证法最早的含义。它强调的是不能独断专行、自以为是，而要反复论辩，从不

---

① [古希腊] 柏拉图. 理想国 [M]. 郭斌和, 张竹明, 译. 北京：商务印书馆, 1986：6-18.

同的角度对一个问题认识得更加全面深入。

"辩证法"这一概念,在西方哲学史上经历了漫长的发展变化,而且含义多种多样,难以统一。上述以对话、论辩来理解,只是从其形式而论;从其内容来说,辩证法则是指概念的运动。对话和论辩是概念运动在话语形式中进行的外在展开;概念的不断更替和更加确切,则是对话和论辩所要达到的内在实质。就概念的运动而言,值得一提的是古希腊哲学家芝诺(Zeno of Elea)。他的"飞矢不动"等著名命题,事实上揭示的正是运动本身包含的矛盾。概念对应于一个个静止的物体,一个个瞬间。用这些静止的、瞬间的概念表达运动,是很困难的。对此,列宁(Lenin, Vladimir Ilyich Uliyanov)评论说,"芝诺从来没有否认作为'感性确定性'的运动",问题仅仅在于"运动的真实性",真实性的意思是"问题不在于有没有运动,而在于如何用概念的逻辑来表达它"①。一支箭正在飞,任何视力正常的人都看得见。芝诺的疑问,在于如何用概念的方式把握运动,或者说,以展示概念之间矛盾的方式把握运动,是辩证法的重要意蕴。

芝诺的辩证法仍然是主观辩证法,有赖于一种沉思的主体视角和作为运动基点的抽象同一性。在此基础上,赫拉克利特(Herakleitos)提出了万物不断变化和更新,作为万物始基的"火"没有一刻静止,火与万物的变化和转化都遵循"逻各斯",以及对立面的"和谐"和"斗争"等观点,表达了朴素的辩证法思想。恩格斯(Friedrich Engels)对此给予高度评价:"这种原始的、素朴的,但实质上正确的世界观是古希腊哲学的世界观,而且是由赫拉克利特最先明白地表述出来的:一切都存在而又不存在,因为一切都在流动,都在不断地变化,不断地生成

---

① 中共中央马克思恩格斯列宁斯大林著作编译局. 列宁全集:第55卷[M]. 北京:人民出版社,1990:216.

和消逝。"① 苏格拉底（Sokrates）进一步发扬了谈话的方法和对真理的探索，形成了"接生术"，"即帮助已经包藏于每一个人的意识中的思想出世，也正是从具体的非反思的意识中揭发出具体事物的普遍性，或从普遍认定的东西中揭发出其中所包含的对立物"②。经过赫拉克里特的"变"的观念和苏格拉底的对话方法，柏拉图成为辩证法的奠基人。但是，柏拉图不是自觉地阐释辩证法，而是在其工作中体现了辩证法。对于柏拉图来说，辩证法就是人类的一种能够发现概念的绝对本质的理性能力。③ 它包含了概念运动的三个阶段，即从特殊到普遍，从普遍到意识，以及把普遍确定为具体。

如果说柏拉图是古代哲学中辩证法思想的集大成者，黑格尔则当之无愧地是近代以来把辩证法发展到一个高峰的人。辩证法作为一个重要议题和方法，在黑格尔之前存在已久，而黑格尔的贡献则在于他的"系统辩证法"的观念。④ 辩证法在这里获得了积极的意义，甚至成为哲学本身的代名词。辩证法意味着"变化"。抽象的观念原本是静止的，它要变成现实就必须活动起来，也就是说，必须以辩证的方式摆脱静止和惰性的状态。

在哲学史的发展中，辩证法的含义涉及不同的方面，包括概念的运动、个体与世界的关系、在时间中的发展等。对于古希腊哲学家和康德来说，辩证法主要被理解为概念的运动；而在康德之后，后两种含义开

---

① 中共中央马克思恩格斯列宁斯大林著作编译局：马克思恩格斯文集：第9卷［M］. 北京：人民出版社，2009：23.
② ［德］黑格尔. 哲学史讲演录：第2卷［M］. 贺麟，王太庆，译. 北京：商务印书馆，1960：57.
③ SARLEMIJN A. Hegel's Dialectic［M］. KIRSCHENMANN P, trans. Dordrecht and Boston: D. Reidel Publishing Company, 1975: 31.
④ MAKER W. Philosophy without Foundations: Rethinking Hegel［M］. Albany: State University of New York Press, 1994: 99.

始受到费希特（Johann Gottlieb Fichte）、谢林（Friedrich Wilhelm Joseph von Schelling）和黑格尔等人的强调。尽管有这些含义上的演变，但直到黑格尔以前，辩证法一词主要还是指一种逻辑论证的方法，并不曾以对立面的统一、质量互变、否定之否定等为其主要含义。

以对立面的统一、质量互变、否定之否定等思维公式来理解和掌握辩证法，是在19世纪以后才得以发展起来的，而且是特别地被恩格斯发展起来的。在《哲学百科辞典》第二卷中，罗兰·豪尔（Roland Hall）对于"辩证法"的各种含义作了全面的总结，他说：辩证法这个术语是从希腊语对于会话艺术的表述中产生的。如果说在它所具有的大量的不同含义之间有何共同之处的话，那么也许可以说，辩证法是一种通过推理来寻找乃至获得真理的方法。不过这个适用于多种情况的一般化描述含义太模糊，已经没有什么价值；这个描述也还不适用于在黑格尔和马克思主义者那里的作为一种历史过程的辩证法概念。[①] 在这一段表述中，对于辩证法的核心理解，还是把它视为一种通过纯粹的思想认识至善的理念的逻辑进程。但是，这样一种理解，经过黑格尔而发生了变化，与一种历史过程结合了起来，并在此后的马克思主义者那里被作为思维工具加以理解而趋于公式化了。

辩证法在马克思那里从纯粹的哲学过渡到了改变现实的实践，成为"批判的和革命的"辩证法。"辩证法在对现存事物的肯定的理解中同时包含着对现存事物的否定的理解，即对现存事物的必然灭亡的理解；辩证法对每一种既成的形式都是从不断的运动中，因而也是从它的暂时性方面去理解；辩证法不崇拜任何东西，按其本质来说，它是批判的和

---

① EDWARDS P. The Encyclopedia of Philosophy：volume 2 [M]. New York：Macmillan Publishing Co, 1967：385.

革命的。"① 马克思开始把辩证法同人类的现实生活关联了起来。这样就把自然形成、似乎会永远存在的资本主义当代一个历史阶段加以否定了。

在恩格斯这里，辩证法开始工具化，成为"理论思维"的辩证法。恩格斯指出，辩证法是一种建立在通晓思维的历史和成就的基础上的理论思维，是"最重要的思维形式"②。这为后人提供了作为"理论思维"的辩证法的概念系统。随着恩格斯的《自然辩证法》《反杜林论》，以及列宁的《唯物主义与经验批判主义》等著作的出版，辩证法一词才获得了今天的含义，专指事物发展过程中对立面的统一、质量互变规律以及否定之否定规律等规律性的内容。

在中国，经过思想家和理论工作者们的努力，辩证法的思维方式被转化为指导行动的实践智慧。世界观和方法论的统一、以矛盾分析方法为核心的辩证思维等，构成了具有中国特色、气派和风格的辩证法理论。经年累月后，辩证法逐渐成为基本的思维方式，在中国的现代化进程中被赋予了启迪民智、指导实践的作用。在这种情形下，辩证法的影响之广泛，可以说达到了家喻户晓的程度。几乎任何一个受过中等教育的人，都能就辩证法发表一番议论。辩证法也一度被奉为思想圭臬，成为判别观点对错和思维高下的准绳。

然而，相当吊诡的是，人们在广泛地坚持辩证法的同时，又时常把"辩证法"讥讽为模棱两可的"变戏法"。辩证法在被普遍尊奉的同时，也被"架空"了，似乎成为任人摆布和玩弄的道具。更为甚者，我们

---

① 中共中央马克思恩格斯列宁斯大林著作编译局. 马克思恩格斯文集：第5卷 [M]. 北京：人民出版社，2009：22.
② 中共中央马克思恩格斯列宁斯大林著作编译局. 马克思恩格斯文集：第9卷 [M]. 北京：人民出版社，2009：436.

不仅在日常生活中可以看到对辩证法的粗浅误解和随意滥用,在学术研究领域中有时也能看到类似的现象。比如,在一些学术文章中,有的机械套用辩证法的公式展开对问题的探讨,有的简单粗暴地以是否符合辩证法作为评判的标准,而在对辩证法本身的理解上,却又不自觉地以苏联教科书式的理解作为不自知的立论前提。

事实上,关于辩证法的滥用,早在1859年,恩格斯就曾做出一段犀利的评论。他说:"官方的黑格尔学派从老师的辩证法中只学会搬弄最简单的技巧,拿来到处应用,而且常常笨拙得可笑。在他们看来,黑格尔的全部遗产不过是可以用来套在任何论题上的刻板公式,不过是可以用来在缺乏思想和实证知识的时候及时搪塞一下的词汇语录。结果,正如一位波恩的教授所说,这些黑格尔主义者懂一点'无',却能写'一切'。"[①] 从恩格斯的这段论述中,我们不仅可以看到对滥用辩证法的描述,而且可以就关于辩证法为何会被滥用的问题得到一些启发性的答案。概言之,"辩证法"之所以被人们嘲讽为"变戏法",就是因为"辩证法"变成了"可以用来套在任何论题上的刻板公式",变成了"可以用来在缺乏思想和实证知识的时候及时搪塞一下的词汇语录",变成了没有思想内容的"辩证词句"。这些对待辩证法的方式与辩证法的实质显然是不相符的。应当看到,辩证法不是脱离问题的"方法",不是脱离内容的"形式","缺乏思想和实证知识"的辩证法不是真正的辩证法。

从恩格斯的评论中可以发现,后世的许多学者对辩证法的理解和运用其实还没有达到黑格尔的高度。他们没有掌握辩证法的实质精髓,而只是"学会搬弄最简单的技巧"。这对于我们清除对辩证法的误解也有

[①] 中共中央马克思恩格斯列宁斯大林著作编译局. 马克思恩格斯文集:第2卷 [M]. 北京:人民出版社,2009:600.

批判性的启发。我们通常是把唯物辩证法理解为包含了三大规律,即对立统一规律、质量互变规律和否定之否定规律,而且认为,对立统一规律是根本性的,质量互变规律和否定之否定规律分别是其在质量关系和历时发展进程中的表现。暂且不论这种规律性的总结是否恰当,以及它在揭示辩证法的意蕴方面是否充分,即使单纯地从规律性理解的角度出发,也应当做出两点补充:一是"对立概念的统一"应当取代被视为客观事物内部规律的"对立统一"而受到更多重视;二是"否定之否定"应当比作为公式被套用的"对立统一规律"居于更加核心的地位。例如,在黑格尔逻辑学的开端,从"纯有"到"纯无"到"变",就是范畴的自我否定。在黑格尔那里,逻辑学本体论和概念自我发展的辩证法是统一的,而概念自我运动、自我发展、自己构成自己的根据就在于概念自身的内在否定性。这种内在的否定性,表现为思维一方面不断否定自己的虚无性而获得越来越具体和丰富的规定性,另一方面不断否定自己所获得的规定性而在更深刻的层次上重新构成自己的规定性的双重否定运动。①

对辩证法的滥用,既表明了对于辩证法的实质缺乏理解,也表现了理性精神的缺乏。通过对辩证法的滥用情形的观察,可以发现这种现象背后是对辩证法的误解与迷信,而在这种误解与迷信的背后,则是对权威和教条的尊奉。由于过于尊崇刻板僵化的权威表述,于是对辩证法的理解程度只能止步于几条枯燥的词句规定;由于把辩证法本身作为思维方法上的权威去推崇,于是常常罔顾复杂多样的具体内容和具体问题,反而任意裁减,削足适履;由于注重外在公认的标准而非事物内在的联系,于是懒惰地把辩证法作为一种万能公式随意套用;由于没有信心运

---

① 孙正聿. 辩证法研究:上[M]. 长春:吉林人民出版社,2007:137.

用自己的理性思维能力进行辨析，于是只能运用一些貌似正确的词汇语录进行搪塞，流于玄虚的空谈。这些做法看似在推崇辩证法，最终却反而遮蔽了辩证法。

对辩证法的误解、迷信以至滥用，其实都反映了辩证法的诠释者和使用者自身的思维水平，都包含着对辩证法本来面目的遮蔽。如果要去除这种遮蔽，就要回归辩证法的本原，特别是要清理从黑格尔那里承袭而来的对辩证法的误解。在这个问题上，最需要完成的工作，是要厘清黑格尔的辩证法与马克思的辩证法之间的差别。

这里可以结合对黑格尔的辩证法与马克思的辩证法之间关系的梳理，尝试进行对辩证法传统误解的去蔽。虽然辩证法在古希腊时期就被视为"会话的艺术"，可以在论辩中获得真理，并且辩证法思想的巅峰至少也可以追溯到柏拉图，但是，在中国的学术思想语境下，当人们谈到辩证法时，一般还是会立即联系到黑格尔。传统的观点甚至往往把辩证法等同于黑格尔的方法论，进而把马克思主义哲学理解为黑格尔的辩证法与费尔巴哈（Ludwig Andreas Feuerbach）的唯物主义的结合。

这种传统观点逐渐受到了鲜明的批评和抽丝剥茧般的深刻辨析。这主要包括两个步骤：其一，在黑格尔的辩证法和方法论之间做出区分，为辩证法的运用划定界限；其二，在马克思的辩证法和黑格尔的辩证法之间做出区分，标明辩证法的质性差异，为思维本身的运用划定界限。这两步区分，至今仍有重要的学术价值，有助于深化对辩证法的认识。

第一个步骤是区分"黑格尔的辩证法"和"黑格尔的方法论"。这一区分要表明的是，黑格尔的辩证法不等于黑格尔的方法论，辩证法也并不是黑格尔方法论的标志性环节。黑格尔谈论自己的方法论的经典段落，是在《小逻辑》中。他说："逻辑思想就形式而论有三个方面：（a）抽象的或知性［理智］的方面；（b）辩证的或否定的理性的方面；

(c) 思辨的或肯定理性的方面。"① 黑格尔这里尽管谈论的是逻辑思想的形式,但其实质却是对自己方法论的全面阐述。按照这段重要论述,黑格尔的整个方法论包含三个环节。第一个环节,抽象的知性(正题);第二个环节,辩证的或否定的理性(反题);第三个环节,思辨的或肯定的理性(合题)。第一个环节关注确定性的知识,坚持固定的规定性以及各规定性之间的差别,表现为有限的抽象概念;第二个环节关注抽象知性概念的片面和局限,表现为有限的规定扬弃自身并过渡到反面;第三个环节关注思辨理性的肯定结果,表现为在对立的规定中认识到它们的统一。黑格尔经常把第二个环节"辩证的或否定的理性"简称为"辩证法",但是这个环节并不能作为黑格尔整个方法论的标志,只有第三个环节"思辨的或肯定理性"(简称"思辨论")处于最高位置,才有资格成为黑格尔整个方法论的标志。② 在黑格尔的方法论中,知性作为正题和辩证法作为反题,都被包裹在作为合题的思辨论中,辩证法只是思辨论的一个环节。

辩证法被等同于黑格尔的方法论,在一定程度上是由于马克思对辩证法的高度关注。对于马克思来说,最值得关注的是黑格尔方法论中的第二个环节,即辩证法。只有辩证法真正契合了旨在否定现存资本主义社会的实践唯物主义立场,所以,马克思从黑格尔的方法论中抽取的就只是辩证法。马克思在对黑格尔辩证法的基本范畴进行批判改造的基础上,继承了黑格尔辩证法的形式和原则等本质内容。在《资本论》第二版的跋中,马克思就曾说:"辩证法在黑格尔手中神秘化了,但这决没有妨碍他第一个全面地有意识地叙述了辩证法的一般运动形式。在他

---

① [德]黑格尔. 小逻辑 [M]. 贺麟,译. 北京:商务印书馆,2003:172.
② 俞吾金. 马克思对黑格尔方法论的改造及其启示 [J]. 复旦大学学报(社会科学版),2011(1):3.

那里，辩证法是倒立着的。必须把它倒过来，以便发现神秘外壳中的合理内核。"[1] 在这一点上，正如诺曼·莱文（Norman Levine）所言，"马克思改变了黑格尔辩证法的唯心主义基础，但保留了黑格尔对作为结构和关系的辩证法的理解。黑格尔的结构是逻辑的结构，而马克思的结构是社会的结构"[2]。马克思着眼社会形态的经济学方法，参照了黑格尔囿于思辨内容的逻辑学方法。由于马克思在谈到黑格尔方法论时主要着眼于辩证法这个环节，在包括恩格斯在内的传统阐释者们那里，就造成了一种思维上的定见，即"黑格尔的方法论"就等于"黑格尔的辩证法"。

这种将黑格尔的方法论等同于辩证法的定见，一方面使辩证法失去根基，忽略了抽象知性的规定性和确定性之后，在混沌模糊和游移不定之间沦为诡辩；另一方面，也使辩证法滑向虚无主义，在把否定性引入僵硬的知性思维之后，没有第三个环节即"思辨论"限制，辩证法就容易流于单纯的、无休止的怀疑和否定。这在一定程度上也解释了为什么会出现对辩证法的误解和滥用。特别是由于缺乏普遍的、充分发达的科学精神，忽略了抽象知性始终是辩证法的基础，在现实生活和日常思维中，一些人往往容易面临这样的思维困境，即在缺乏抽象知性的基础上奢谈辩证法，使辩证法有很大的危险会沦为"变戏法"式的诡辩。

这种着眼于完整、准确地理解黑格尔辩证法而做出的区分很有意义。把辩证法作为一个环节放到更加完整的三个环节之中，澄清辩证法只是黑格尔的方法论中的一个环节，避免了把辩证法割裂孤立出来并过

---

[1] 中共中央马克思恩格斯列宁斯大林著作编译局. 马克思恩格斯文集：第5卷［M］. 北京：人民出版社，2009：22.
[2] LEVINE N. Dialogue Within the Dialectic ［M］. London：George Allen & Unwin, 1984：106.

度推崇而造成的伤害，实现了让黑格尔的辩证法回归本原并为之划定界限的工作。

在当代中国，对于辩证法的误解，不仅受到对黑格尔辩证法理解的影响，在更大程度上则受到对马克思辩证法及其与黑格尔辩证法差异的理解的影响。如果不能充分认识马克思对黑格尔辩证法的深刻改造和提升，就不能把握辩证法的精神实质。因此，需要对辩证法进行去蔽的第二个步骤，就是探明"马克思的辩证法"和"黑格尔的辩证法"的根本差异。

马克思继承了黑格尔的辩证法，但是也对黑格尔的辩证法进行了深刻的改造。马克思对黑格尔辩证法的改造主要是沿着两条线索展开的。第一条线索是改造黑格尔辩证法的载体。在实践唯物主义的基础上，马克思把黑格尔辩证法的载体——绝对精神阐释为实践，进而具体化为劳动，这是马克思改造黑格尔辩证法的基础性工作。另一条线索是对黑格尔方法论中的第三个环节"思辨的或肯定的理性"，即"思辨论"进行批判。马克思对思辨论的批判主要是沿着三个方向展开的，即批判思辨论的头足倒置，批判思辨论的非批判性，批判思辨论把实体主体化、人格化。[①] 通过这三个方面的批判，马克思批判了黑格尔辩证法的神秘性和颠倒性，同时，又把辩证法与绝对精神这个载体分离开来，重新安顿在实践、劳动这样的新载体之上，这就让在黑格尔方法论中几乎处于窒息状态的辩证法获得了新生。

马克思的辩证法在很长时期是处于被遮蔽状态的。尽管马克思对黑格尔辩证法做了艰苦的改造和提升工作，然而，还有另外一条从费尔巴哈肇始的错误地改造黑格尔哲学（包括其辩证法）的道路。这条道路

---

① 俞吾金. 马克思对黑格尔方法论的改造及其启示 [J]. 复旦大学学报（社会科学版），2011（1）：5-6.

对传统的阐释者们（如恩格斯、普列汉诺夫和列宁）产生了致命的影响，而且这种影响延续至今，一直没有得到彻底的根除。在这条权威性的阐释路线看来，黑格尔的思辨哲学是以意识、理念、精神为载体的一般唯心主义，把它颠倒过来就是以自然为载体的一般唯物主义，再把一般唯物主义与取自黑格尔那里的辩证法结合起来，就形成了"唯物主义辩证法"。于是，在"辩证唯物主义和历史唯物主义"的阐释框架中，由于辩证法是从属于辩证唯物主义的，因而在历史唯物主义内就出现了辩证法的空场。对此，学者们发现并强调，马克思哲学就是历史唯物主义，成熟时期的马克思没有提出过历史唯物主义以外的任何其他哲学理论，"辩证唯物主义"是一个应当丢弃的多余概念。马克思的辩证法作为方法论从属于马克思哲学，而准确理解了马克思哲学，才可能真正解决马克思辩证法的载体问题。马克思辩证法的载体绝不是与人的实践活动相分离的自然或物质，而是人的实践活动，尤其是人的生产劳动。在这个意义上，马克思的辩证法既不是自然辩证法，也不是唯物主义辩证法，而是社会历史辩证法。这种辩证法始终以人的实践活动作为基础和核心。同样，黑格尔哲学也不是一般唯心主义，而是历史唯心主义。只有把马克思与黑格尔的理论关系解读为历史唯物主义与历史唯心主义之间的关系，才可能正确理解马克思对黑格尔辩证法的改造工作。

显然，这种对辩证法的讨论是放在黑格尔哲学和马克思哲学两者关系的背景下进行的。关于马克思哲学与黑格尔哲学的关系，曾有过三种观点：第一种是"依附论"或"一致论"，强调马克思思想是在黑格尔"辩证法的拐杖"下向前发展的。杜林（Karl Eugen Dühring）、卢卡奇（György Lukács）都持这种观点，这对西方马克思主义以至后马克思主义思潮产生了深远影响。第二种是"扬弃论"或"批判继承论"，倾向于认为马克思抛弃了黑格尔思辨唯心主义的哲学体系，继承了黑格尔的辩证法。恩格斯、普列汉诺夫（Georgi Plekhanov）、列宁等正统马克思主义者均持这一观点，并对苏联、东欧和中国的理论界产生了巨大的影响。第三种是"否定论"或"断裂论"，认为在马克思和黑格尔的哲学思想之间有一条不可跨越的鸿沟。卢西奥·科莱蒂（Lucio Colletti）和路易·阿尔都塞（Louis Pierre Althusser）是突出的代表。① 第一种和第三种观点在文本资料和思想逻辑上都站不住脚，第二种观点虽然用"辩证"眼光看待马克思与黑格尔的关系问题，却并不能保证能够真正把握实质性的思想内容，避免贴标签式的理论阐释。经过对相关观点和说法的批判性分析，俞吾金教授提出，运用"思想酵素""问题域的转换""术语更新""含义差异"等阐释性概念，对马克思和黑格尔的理论关系做出总体上的非比喻性的说明。② 从这个视角出发，就可以发现马克思的问题域与黑格尔的问题域之间存在着根本性的差别。如果说黑格尔把哲学理解为一种理性思维或概念认识，目的是达到理性与现实的和解、思维与存在的和解，那么马克思的哲学体系实质上则是以经济哲学作为切入点，生产劳动始终居于基础性的、核心的地位。这种根本性的差别，在思想产出上，既表现在历史唯物主义与唯心主义历史观的尖锐对立，也表现在"物质生产""生产方式""交往形式""经济基础""上层建筑""社会形态"等一系列术语的更新。

在这种问题域的根本性差别中贯穿着的一个基本倾向，就是马克思哲学包含着对"同一哲学"，尤其是黑格尔的"思维与存在同一说"的扬弃。黑格尔的哲学之所以被称为"同一哲学"，原因就在于认可思维

---

① 俞吾金. 问题域的转换：对马克思和黑格尔关系的当代解读 [M]. 北京：人民出版社，2007：3-14.
② 俞吾金. 问题域的转换：对马克思和黑格尔关系的当代解读 [M]. 北京：人民出版社，2007：47-53.

与存在的同一性，这里的"同一性"一方面指思维可以认识和把握存在，另一方面指思维中设想的东西可以转化为实际上存在的东西。在黑格尔那里，思维与存在的同一性其实是以思想与存在的同质性（homogeneity）为前提的。这就是说，存在是被思维化的存在，而思维则是无条件地渗透、贯通于存在的思维，两者具有同样的属性。与这种同质性相对的，是强调思维与存在的异质性（heterogeneity），一方面是指存在中蕴含着特殊的目的，无法被思维的普遍性目的所把握，另一方面指存在充满了偶然性，思维中的普遍必然性观念难以转化为存在。换言之，思维难以在存在中发挥有效的指导作用。

马克思辩证法与黑格尔辩证法的根本差异，既可以在马克思本人的思想发展中得到支撑，也可以在后来的西方马克思主义学者那里得到印证。马克思对思维与存在关系的探索，经过了三个发展阶段的思想历程，即从第一个阶段受黑格尔关于思维与存在同质性观念的影响，到第二个阶段在费尔巴哈唯物主义观点冲击、国民经济学研究切入和现实问题关注的影响下转到了思想与存在异质性的观点上来，再到第三个阶段在思维与存在异质性观点的基础上创立了历史唯物主义学说，把"实践"作为思维与存在之间的中介，赋予思维与存在的同一性以新的内涵。在这一探索过程中，具有决定性意义的观点乃是思维与存在异质性的观点。对此，加尔维诺·德拉-沃尔佩（Galvano Della-Volpe）就曾提出了"两种辩证法"的观念：一种是黑格尔所坚持的"先天的辩证法"（a priori dialectic），另一种是马克思所坚持的"科学的辩证法"（scientific dialectic），前者从先天的理念、目的出发来阐释各种后天的经验现象，后者则诉诸后天的经验和事实。卢西奥·科莱蒂则把黑格尔的辩证法称为"物质辩证法"（dialectic of matter），这种辩证法取消了个别有限事物的独立存在并使之内在于无限，把思想和观念视为唯一客观实在的东西，进而把思想和观念的逻辑矛盾投射出来，成为世界万物固有的内在矛盾。① 这些观点都在解读马克思哲学的过程中主张并强调了思维与存在异质性的观点。

事实上，思维与存在异质性的观点，也应当成为把握马克思辩证法与黑格尔辩证法根本差异的一个关节点。思维与存在的关系，是辩证法的生成基础和核心主题。在黑格尔那里，是"以思维与存在的同质性为基础的同一性"；在马克思那里，则是"以思维与存在的异质性为基础的同一性"。在后者中，"存在"不是"想象的存在"，而是"现实的存在"，是异于单纯思维也是单纯思维所无法推演出来的"现实的存在"。② 这种在思维与存在关系问题上的观点差异，也因此成为马克思辩证法与黑格尔辩证法的根本性差异。

至此，也就完成了对辩证法进行去蔽的两个步骤。如果说前述第一个步骤是方法论环节的还原与划界，这里的第二个步骤则是对于思维的作用和概念的运用本身进行划界。它能够带给我们的思想启发在于，辩证法并没有改变世界的特殊魔力，相反，"理论是灰色的，而生活之树是常青的"，"必须考虑生动的实际生活，必须考虑现实的确切事实"。③ 为此，我们也必须注意保持主观思维的谦卑和理论体系的开放性。

二、传统辩证法思想的危机

社会空间是一个同质性的澄澈空间，还是一个有着无法吸纳的异质

---

① 俞吾金. 问题域的转换：对马克思和黑格尔关系的当代解读 [M]. 北京：人民出版社，2007：356，359.
② 俞吾金. 从思维与存在的同质性到思维与存在的异质性：马克思哲学思想演化中的一个关节点 [J]. 哲学研究，2005（12）：10.
③ 中共中央马克思恩格斯列宁斯大林著作编译局. 列宁选集：第3卷 [M]. 北京：人民出版社，2012：26.

性因素的复杂空间？这是一个前提性的问题。恩斯特·拉克劳（Ernesto Laclau）等后马克思主义者认为，马克思以及传统马克思主义者的理论和黑格尔哲学一样，是从前一种同质性观点出发的思想。这种同质性观点，主要就体现在其辩证法的思想中。

后现代哲学家和后马克思主义者们首先对传统马克思主义的辩证法提出了批评。拉克劳认为，传统马克思主义的辩证法是对黑格尔的沿袭，因此，也像黑格尔的辩证法一样，从根本上都受着同质性逻辑的束缚。黑格尔的辩证法是要在理性思维的范围内囊括千差万别的万物的总体，这同时也是将矛盾引入理性的领域之中，因此它不再是一个静态的公式，而是最终体现为精神自身运动的展开。所以，对于黑格尔来说，同一性绝不是肯定的和封闭在自身之中的，而是作为转变、关系和差异被构造的。只不过黑格尔哲学仍然有一个绝对精神及由其展开而来的大体系作为总体框架。而在马克思主义中，辩证法的作用则是双重的。一方面，它可以用来避免决定论；另一方面，"在把先验变革的必然特征看得比开放关系的不连续因素更重要的地方，'辩证法'发挥了封闭作用"①。从拉克劳的观点来看，正确的理论方向应该是将理论思考明确地奠基在对异质性因素的接受之上，而黑格尔和马克思的哲学一方面体现了朝着这种理论方向的努力，另一方面又无法摆脱同质性逻辑，这就造成了一种矛盾和挣扎。辩证法正是这一矛盾和挣扎的产物。正因为如此，两者的辩证法自然就都带有不明确的和不严格的特征。

具体到社会历史观上，后现代哲学家和后马克思主义者们认为，传统马克思主义辩证法的同质性表现得更加明显。这主要表现在，历史是由一元逻辑统摄的连续历史，这一逻辑体现为生产力的发展，以及一定

---

① ［英］拉克劳，墨菲. 领导权与社会主义的策略：走向激进民主政治［M］. 尹树广，鉴传今，译. 哈尔滨：黑龙江人民出版社，2003：103.

的生产关系与生产力发展各阶段的相适应。拉克劳提醒说:"必须考虑到,马克思的论述逻辑从深层上说是黑格尔主义的。"① 为了验证这一点,拉克劳将传统马克思主义的唯物史观和黑格尔的辩证法思想进行了对比。唯物史观中的生产力,不仅像通常所认为的那样,是一个量的概念,而且是一个度的概念。我们熟知的是这样一种论述:在生产关系能够容纳生产力的情况下,生产力可以得到较快发展;而当生产力发展到一定程度、生产关系不能与之相适应时,就必然导致生产关系的重构。拉克劳认为,从思维框架上说,这种生产力与生产关系之间的辩证关系,完全可以对应于黑格尔的质与量的辩证关系。进而言之,在传统马克思主义的社会历史观中,历史之所以是一个连续的历史,社会空间之所以是一个澄澈的空间,其根源就在于这种在逻辑上对黑格尔的质量辩证法的沿袭。

将马克思主义的辩证法视作黑格尔主义的,这是拉克劳的一个基本的理论判断。这个判断,是后马克思主义与传统马克思主义分道扬镳的关节点之一。认定马克思是一个黑格尔主义者,马克思主义的辩证法是对黑格尔辩证法的沿袭,是整个论述的基点。然而,我们也发现,恰恰在这个基本的问题上,拉克劳的判断是不成立的。从根本上说,拉克劳忽略了这样一个事实,即马克思已经看到并阐释了社会生活的复杂性、理论与实践的异质性等问题。因此,马克思并不是一个黑格尔主义者,马克思的基于历史唯物主义的辩证法也不等同于黑格尔的辩证法。与此同时,拉克劳也忽略了马克思与马克思之后的传统马克思主义者之间的区别。拉克劳将马克思与传统马克思主义者做了等同化处理,在这样一种理论误认之下,马克思本人的思想与第二和第三国际的理论家们的思

---

① LACLAU E. On Populist Reason [M]. London: Verso, 2005: 141.

想几乎没有了差别。拉克劳在这里显然是张冠李戴了。在他所提出的批评中可以看到，他所批评的与其说是马克思，不如说是第二和第三国际的理论家。然而，这些基础性的问题都被拉克劳忽略了。在拉克劳看来，一旦认定了辩证法的黑格尔根源，就可以用来解释和解决马克思主义所遭遇的诸多理论危机了。

概言之，传统观点认为马克思主义继承了黑格尔哲学的合理内核，然而，后现代哲学家和后马克思主义者却指出，恰恰是这种对黑格尔辩证法的继承造成了马克思主义的理论危机。这些危机具体体现在对如下问题的讨论中：

第一，关于社会对抗性。对抗性对于后马克思主义有着重要意义，它是政治之所以可能的前提。拉克劳认为，有对抗性，才有政治；有对抗性，才能形成认同。在拉克劳的理论图景中，政治的前提是各个不可通约的社会要素之间基于其共同的反对对象而建立起来的等同链条（equivalential chain）。这种等同链条，是经由空洞能指（empty signifier）或漂浮能指（floating signifier）得到表达的；它从根本上说，也是基于对"他者"的排斥得以形成的。在对"他者"排斥的基础上，政治主体的认同才能被建构起来。这就是说，在拉克劳看来，没有对抗性，政治是不可能的。然而，对抗性的根本基础是社会异质性。没有社会异质性，就没有真正的对抗性。而在传统马克思主义那里，居于核心地位的并不是对抗性和异质性，而是上文提到的生产力与生产关系的辩证运动。历史被视为生产的历史，社会革命是以生产关系与生产力是否适应来得到说明的，工人阶级是被视作生产力的新的发展阶段的代表而登上历史舞台的。然而，在拉克劳看来，在传统马克思主义这样一个同质性的理论空间中，"对抗何以产生"的问题却无法得到说明。

第二，关于"流氓无产者"。这一问题所涉及的，是对社会行动者或代表者的看法。拉克劳认为,"流氓无产者"(lumpen-proletariat)其实是社会异质性的重要体现,它的作用和意义在传统马克思主义理论中没有得到正确揭示。马克思和恩格斯都有过对流氓无产者的激烈批评。这些批评一方面是道德意义上的,另一方面也是生产意义上的。流氓无产者是非生产性的劳动力,是被排除在历史之外的。与此相反,作为后马克思主义者的拉克劳则在"流氓无产者"身上看到了革命的希望和政治的可能性。在拉克劳看来,传统马克思主义的这些观念与黑格尔从绝对精神出发统摄和整饬具体的社会历史因素的思维是一脉相承的。这些观念都试图通过把异质性因素排斥在外而建立起自身的总体性或内在统一性。然而,事实上,历史并非统一而一贯的叙事。社会历史中异质性因素的存在,是无法否认的事实。因此,不应当为了建构理念中的工人阶级而把流氓无产者排斥为异己。与此相应,对"工人阶级"本身的看法也有实质性差异。拉克劳认为,工人阶级并不是必然的历史趋势和普遍的社会诉求的代表,这种不在场的总体性和普遍性,只能经过各个特殊的社会行动者的竞争,由其中一个获得领导权(hegemony),进行临时的代表。"一个特殊的东西变成了能指,来指称尚未到来的共产主义的圆满实现,这种关系,正是我们所说的领导权关系。"① 这种"领导权关系"的形成过程具有偶然性,并不是一种来自思维预设的所谓的必然规律的体现。显然,拉克劳在这里所表现出来的解构色彩过于浓烈了。

第三,关于政权基础的分析。拉克劳在这个问题上对传统马克思主义理论的指责,主要是围绕波拿巴政权而进行讨论的,是对一个具体政治结构的案例分析。马克思认为,路易·波拿巴政权的社会基础是小

---

① LACLAU E. Emancipation (s) [M]. London: Verso, 2007: 43.

农,"但是,几乎同时,为了使自己的判断真实可信,他不得不宣称,这些农民,由于他们的分散,并不构成一个阶级,而只是一种简单的集合,'就如同一只袋子里的土豆组成了一袋土豆'"①。这正是路易·波拿巴政权的特点。它是松散而高度自治的,并不具备一个结构化的社会基础。由此,马克思本人也看到,这样一个政权是建立在社会异质性的基础之上的,而这恰恰使它能够在各个不同的阶级之间运作下去。"换言之,对于马克思,正如对于巴塔耶一样,异质性不是政治统一性的反题,而是它的条件。"② 拉克劳认为,一旦认识到了这一点,我们就完全能抛弃传统马克思主义那种历史辩证法的解释模式,并转而看到,社会力量是经政治链接(articulation)把各种异质因素聚拢在一起而形成的。政治链接是基础性的,除此之外,不存在一个隐藏在各种社会现象背后的更深层的运动。如果有关于那些运动的观念,那也只能是理论的想象或虚构。

通过梳理拉克劳对上述这些理论危机的描述和分析,可以看到他对从黑格尔以来的辩证法持一种尖锐的批评态度。这些批评可以概括为后马克思主义与传统马克思主义在政治、历史等根本问题上的看法形成了差别;而在这些差别的背后,却又体现着哲学思维上的现代性与后现代性的对立。拉克劳的观点所体现出来的,事实上是哲学上的后现代理论。因此,他与传统马克思主义之间所形成的就是一种更为深刻的理论分歧。这种分歧,归根结底,是应该立足于逻辑统一性还是社会异质性的分歧。按照后马克思主义的观点,显然应当抛弃那种追求内在统一性的辩证逻辑,而转向一种异质学的思维范式。

---

① LACLAU E. On Populist Reason [M]. London: Verso, 2005: 145.
② STALLYBRASS P. Marx and Heterogeneity: Thinking the Lumpenproletariat [J]. Representations, 1990 (31): 88.

三、作为思维范式的异质学

异质学得以在后现代哲学和后马克思主义那里产生深刻影响，以至对辩证法造成替代效应，在很大程度上源于巴塔耶在更早的 20 世纪上半叶的思想创造。异质学在巴塔耶的思想中占有重要地位，它从根本上赋予了巴塔耶哲学思想一种具有范式转换意义的颠覆性色彩。异质学所提供的，主要是一种崭新的思维范式。这种思维范式，对于辩证法甚至对于理性、科学等现代性思想的核心内容都具有一定的解构作用，并因此而对后现代哲学和后马克思主义等 20 世纪下半叶以来的新思想产生了深远影响。

从社会现实角度看，异质学的重要价值体现在对业已形成的物性世界的思想观念和社会运行机制的深刻批判上。巴塔耶有关异质学思想的阐述主要是着眼于人类社会自身的价值体系。"异质性关注怎样重新考虑物，这是从一个价值体系（把它们贬低为粗俗、卑贱或放荡的体系）转换到另一个相反或颠倒的价值体系。"[①] 事实上，只有完成了对整个社会的价值体系的认识和转换，存在于这个社会中的事物的意义才可能真正被重新解读和改变。在耗费社会，物传递着社会的精神联系和价值结构，对于物的失去而非占有才是人们活动的主要目的，整个社会都是围绕着耗费而建构和运转的；这与以生产为基础组织起来的现代资本主义社会存在很大的差异。在后者这样一个结构严密、高效运行的同质性社会中，物是以商品以及资本增殖的形式出现的，超出这些形式之外的事物几乎都被社会运行体系忽略了。分析和批判资本主义的价值尺度，

---

① RICHMAN M H. Reading Georges Bataille: Beyond the Gift [M]. Baltimore: The Johns Hopkins University Press, 1982: 57.

关注这一价值尺度以外的事物即异质性的事物及其社会作用，就构成了《萨德的使用价值》（1925—1930年）、《低级唯物主义与诺斯替主义》（1930年）、《法西斯主义的心理结构》（1933年）、《阿塞法尔章程》（1936年）等一系列重要文本的思想主线。

巴塔耶的异质学，分析和批判同质性，关注和揭示异质性。其中，同质性是占有的特征，异质性则是排泄的特征。"占有主体和作为最后结果的对象之间的一种同质性（统计学平衡状态）刻画了占有过程的基本特征；反之，排泄活动本身就呈现为一种异质性的结果，并可能沿着一种更大异质性的方向运动，同时越来越明显地表现出自相矛盾的情感脉动。"[1] 所谓的排泄，是与巴塔耶的耗费概念有关的一种早期表述。巴塔耶在研究萨德时指出了排泄的意义，实质上就是与生产无关的纯粹失去。占有原则统治着人们习以为常的观念，而排泄却是无法被这种占有原则同化的异质性事实。它以其强力喷发的特征，宣示了占有原则的缺陷和无效。在这里，巴塔耶已经表明了由异质性着手将要完成的价值颠覆。

在深入探讨巴塔耶异质学概念的内涵之前，首先需要区分巴塔耶的异质学概念与以往的异质学概念，并在这种区分中把握巴塔耶异质学概念的基本特点。鲁道夫·加谢（Rodolphe Gasché）曾梳理了异质学的历史。他认为，异质学是关于异质性的话语（discourse），而异质性这个词在希腊文中有两种含义：第一种含义是指在一个其构成项已知的二元结构中与这一项对立的那个项，是二中之一；第二种含义是指在一个已

---

[1] 汪民安. 色情、耗费与普遍经济：乔治·巴塔耶文选 [M]. 长春：吉林人民出版社，2003：7.

知的群组中，与其他项格格不入的那个项，是多中之一。① 在这两种含义中，异质性虽然都是指"完全的他者"（entirely other），但是在其背后的二分结构或者群组却都是已知的。因此，在对立项之间建立联系，对"他者"本身进行把握，也就毫无困难了。简单说来，在这种异质性的含义中，异质性是基于同一性观念的或具有共同空间的异质性。基于这种词源学含义，巴塔耶之前的很多学者都在科学的和理性的范围内、在传统逻各斯的范围内谈论异质性。对迈尔逊（E. Myerson）来说，作为异质性的这种"完全的他者"又被称作非理性，是科学和理性话语的对立面，但这种对立面同时也是以理论的方式得到表达的。"完全的他者"的观念，在浪漫主义和德国观念论中也曾出现，被鲁道夫·奥托（Rudolph Otto）和沃尔特·奥托（Walter Otto）采用过。对他们来说，"完全的他者"是指一种超出人类的高等存在，尽管不能被完全认识，却也如同它在希腊文中的含义那样是可以被把握的对立中的一方。归根结底，在这些异质性概念中，传统的二元论并没有被打破，涵盖一切的逻各斯依然被因循着。逻各斯先是略过而后又重新占有了话语之外的事物，以此完成自身的抽象建构。黑格尔是以这种方式谈论异质性的重要典型。鲁道夫·加谢认为，对于黑格尔来说，他者总是具有共性的他者。他者的出现隶属于同一性的外化和异化运动，而这种运动最终又会经历各个环节复归于同一性，因此，这种对立及其运动是同一性内部的运动。②

但是，巴塔耶的异质学概念与以往的异质学概念有根本的不同。如

---

① BOLDT-IRONS L A. On Bataille: Critical Essays [M]. Albany: State University of New York Press, 1995: 158.

② BOLDT-IRONS L A. On Bataille: Critical Essays [M]. Albany: State University of New York Press, 1995: 159.

果要探讨巴塔耶的异质学概念，就必须把它与上述的异质学概念区别开来，特别是要与黑格尔的辩证法区别开来。在黑格尔那里，精神尽管已经运动了起来，但仍然是同质性的精神；同一性（作为观念的）尽管包括了差异于自身，但仍然是一种以"同质性"为前提的同一性。[1] 巴塔耶的异质学概念与这种基于同一性观念或以同质性为前提的辩证法的差别，主要体现在对于"异质性"的揭示上。

第一，异质性因素是完全外在的，无法被包含在一个既定的体系之内。异质性不能简单地理解为"不同"（different）。正如拉克劳在讨论异质性问题时所说的："社会异质性不是不同，不同意味着有共同的空间使不同得以呈现，异质性则预设了并无此空间。"[2] 这种绝然的差异恰如中文成语"不共戴天"的字面意思。异质要素与同质要素在其现实性上并不属于同一秩序，因而不具有沟通的可能性。可以说，异质性是对同质性的一种彻底的否定和拒斥，并从根本上抵制了被同质化的可能。

第二，异质性意味着真正的对抗，不会趋向最终的和解。在以往的"完全的他者"观念中，"他者"之为"他者"的共同基础是已知的，它之所以作为"他者"被提出也是以应获得认识或尊重为预期。在辩证法中，对立的双方紧密联系，人们要了解一方就要同时了解另一方，并了解它们之间的辩证关系，不能"只知其一，不知其二"。因此，否定或对立尽管出现了，但它的存在只是为了被一个更高级的肯定或统一所取代。也就是说，在辩证法中，对立因素是可以并且有待被超越或转化的。辩证法也只有依赖于这种有待被超越或被转化的否定，才能呈现为一个过程。而在异质学中，异质性因素根本无法并且也不需要被超越

---

[1] 俞吾金. 实践与自由 [M]. 武汉：武汉大学出版社，2010：132.
[2] LACLAU E. On Populist Reason [M]. London: Verso, 2005: 140.

<<< 第二章 辩证法与异质学

或被转化，不存在最终将要和解的预期。这一点将导致真正的对抗。换言之，异质性的实践意味着真正的否定或对立。它具有自身独立性，而不是一种有待被"肯定"或"统一"取代的环节。

第三，异质性因素之间即使可以外在地链接，也不会具有内在的统一性。在"完全的他者"观念中，"他者"是可以在话语中得到表述、在理论体系中得到把握的。在辩证法中，各个具体事物之间具有内在的逻辑统一性，就如同特殊的个体中包含着普遍性一样，逻辑也内在于各个事物或现象之中；换言之，各个事物内部蕴含着共通的逻辑，并借由这种逻辑形成统一性。异质性因素之间，能够建立起来的是等同链条，而不是内在的统一性。异质性因素之间是无法通约的，它们的统一性事实上是不具有统一性的统一性。

通过与以往"完全的他者"的观念，特别是与黑格尔辩证法的比较，可以发现巴塔耶的异质学作为一种哲学思维范式的独特性。这种独特性使它可以被视为现代思想与后现代思想的一个分界线，而这也对后世思想发展产生了深远影响，以至于我们可以在福柯的外部思想、德勒兹的外边逻辑、拉克劳的后马克思主义等观念中清晰地看到异质学的影子。

需要补充的是，尽管巴塔耶的异质学影响深远、意义重大，但它并非无懈可击。其实，后来的学者对它也不乏批评。根据巴塔耶自己的表述，他是希望异质学能够具有科学的特点的。在《萨德的使用价值》一文的一个注释中，巴塔耶明确地说："异质学是关于完全的他者的科学。"[①] 在这篇文章的"异质学的知识论"部分中，巴塔耶又说："异

---

① BOTTING F, WILSON S. The Bataille Reader [M]. Oxford: Blackwell Publishers, 1997: 159.

质学是对异质性问题的科学的思考。"① 虽然在这句话之后巴塔耶又做了解释，指出这并不意味着它是科学或关于异质性事物的科学——事实上，异质性事物是在科学知识之外的，科学作为对世界的同质性描述总是导致奴性，异质学则是在科学失败的地方重新把握那不再是作为占有的而是作为排泄的过程。但无论如何，异质学虽然以异质性问题为对象，却仍然沿袭了科学的思考方式。因此，后人认为，在他的写作行为中，他的文学写作方式与理论陈述方式是不一致的。这一点也招致了后世学者的不满。鲁道夫·加谢就说："比起巴塔耶在写作中的异质学实践，他的理论陈述是相当令人失望的。"② 这种理论陈述本身之所以"令人失望"，就在于他用一种完全理论化和科学化的方式表达自己的愿望；在这方面，他的理论化和科学化的陈述方式与他有关异质性的陈述内容以及文学写作的实践是不一致的。

异质学有广义和狭义两重含义，广义上的异质学同时关注同质性、异质性以及两者之间的关系；狭义上的异质学则只关注异质性，是"关于异质性的科学"。同质性与异质性是巴塔耶异质学所关注和涉及的主要内容。同质性是异质学思想主要的批判对象，对异质学思想的探究，要从对同质性的了解和把握入手；在批判同质性的同时，巴塔耶的异质学思想又提出了不能被同质性所掩盖的异质性要素；最后，巴塔耶阐明了异质性要素在同质性体系形成过程中的建构性作用。

巴塔耶的异质学思想是针对同质性而提出的，它旨在分析和批评同质性。所谓同质性，是指性质的一致以及与之相应的追求一致的观

---

① BOTTING F, WILSON S. The Bataille Reader [M]. Oxford: Blackwell Publishers, 1997: 153.
② BOTTING F, WILSON S. On Bataille: Critical Essays [M]. Albany: State University of New York Press, 1995: 157.

念。按照巴塔耶的说法，它表示"诸要素的共通性以及对这种共通性的意识"①。

同质性的形成与占有、生产及其观念有紧密联系。同质性始于占有，"这种占有通过或多或少具有协定性的同质性（同一性）发生，这一同质性是在占有者和占有物之间被确立的"②。人在占有物的同时，也建立了与物的同质性。特别是，当这种与物的同质性成为社会共通的准则时，人事实上就接纳了物性，而被物所同化了。同质性也可由生产和出售而产生，它们是隶属于占有进程的排泄阶段。生产是占有过程的繁衍和扩展，它使占有过程在整个社会的层面不断展开，并且扩大它所涉及的容量与范围。同质性还包含了追求同质性的"观念"，而这种同质性观念，在巴塔耶看来，是最根本的。"在城市中实现的人与围绕他的物之间的那种同质性，只是一种更加一致的同质性的附属形式，这种同质性是人们通过到处把先天无法把握的对象用分类的概念和观念系列来进行代替，而在整个外部世界建立起来的。"③ 人们固执地追求世界全部构成要素的同质性，科学观念和通俗观念都倾向于为原本截然不同的事物寻找一种共同的代表。这种观念上的同一化或观念性的占有，其目的和最终的结果都是建立整个世界的同质性。

在批评同质性的同时，巴塔耶的异质学思想也积极关注异质性因素。与同质性相反，异质性可以定义为非同一性，它是不可通约、不可

---

① BOTTING F, WILSON S. The Bataille Reader [M]. Oxford: Blackwell Publishers, 1997: 122.
② BOTTING F, WILSON S. The Bataille Reader [M]. Oxford: Blackwell Publishers, 1997: 151.
③ BOTTING F, WILSON S. The Bataille Reader [M]. Oxford: Blackwell Publishers, 1997: 152.

同化的。① 同时，需要注意的是，异质性并不只是不同于同质性，或者只是非同质性，如果仅是在这个意义上理解异质性，那么它将变成作为原初同质性之对立面的新的同质性，正如非理性之于理性那样。事实上，异质性拒绝一切被重新同质化的可能。

如果说同质性对应于人类的占有活动，那么异质性则对应于排泄活动。在《萨德的使用价值》一文中，巴塔耶提到，萨德的生平和著作就是排泄价值的体现。排泄活动是人类生活中的固有部分，但只是到了萨德，它才以最粗暴的形式得到揭示。排泄是非自愿的、无法控制的失去，是对占有活动的消解和对自我同一性的冲击。这种排泄不仅是那种"卑俗唯物主义"所关注的难登大雅之堂的卑贱事实，而且，在社会层面，它也涉及神圣性的宗教事实。在人类生活层面，性行为、大小便、禁忌、宗教迷狂、赌博、挥霍等排泄活动，其对象都是"完全的他者"。这种"完全的他者"使人们注意到排泄与神圣性、奇迹之间的基本一致性。换言之，排泄物与神圣物都是异质性的。

在观念上只关注异质性的，是狭义上的异质学。它不再是追求自我同一性的哲学、科学和常识，它所关注的是那些不能成为语言和思考的对象、超出了自我并无法与"我"相结合或相通约的部分。比如，与异质学相关的哲学、宗教和诗歌，关注的就是理智占有活动所产生的废弃物：哲学是关于总体的抽象形式的体现，它不关心实证的内容，因而可以自由地沉思，并在沉思中寻求无限世界与有限世界、未知（本体）世界与已知（现象）世界的统一；宗教虽能够真正将理智占有的残余作为异质性（神圣性）的沉思对象提出来，但是，宗教也把神圣世界

---

① BOTTING F, WILSON S. The Bataille Reader [M]. Oxford: Blackwell Publishers, 1997: 125.

分裂为上等天国和下等魔界,这导致了上等天国的同质性,上帝迅速失去了骇人特征,变成普遍同质的单纯象征,实际的宗教因此不同于异质学;乍看起来,诗歌也是一种精神喷发的方式,使人能进入异质世界,但是它和宗教一样受到了贬抑,处在历史上巨大占有系统的支配之下,这使它起始于对世界的诗意构想,终止于一种审美同质性。巴塔耶认为:"诗歌所投入感情的异质因素的非现实性,是异质性得以持续的不可缺少的条件:一旦这种非现实性把自己构建成一种旨在消除(或贬低)下等粗俗现实的上等现实,诗歌就沦落为物的标准了,相反,最严重的粗俗却具有更强大的排泄价值。"[1] 在巴塔耶看来,异质性事实上是无法言说而勉强言说、无法被"我"把握而勉强得到把握的对象。这种言说和把握,是由异质学来完成的。然而,构成"异质学"(hétérologie)的"异质"(hétéro)和"学"(-logie)这两个词根,从根本上说却是不相容的。巴塔耶强行把这不相容的两者结合了起来,目的就是要突破人类既成的同质性界限,突破思维、语言和自我等桎梏。这种异质学不同于传统的科学,科学发展奴性,异质学则试图把握那些被视为人类思想的失败和耻辱的东西。异质性因素是不可定义的,只能通过否定的方式来把握,而且,不能作为所谓的客体来把握,因为这会导致把它们与一种同质性的理智体系相结合。因此,异质要素的客体性只是符合纯粹的理论旨趣。"客观异质性的缺陷在于它只能在抽象形式中被设想,而实际上,对于特殊要素的主观异质性,才是具体的。"[2] 这种主观异质性就是异质学的实践,它导致对既定秩序的颠覆,也就是

---

[1] BOTTING F, WILSON S. The Bataille Reader [M]. Oxford: Blackwell Publishers, 1997: 153.

[2] BOTTING F, WILSON S. The Bataille Reader [M]. Oxford: Blackwell Publishers, 1997: 154.

革命。

在批判同质性和关注异质性的基础上,异质学也揭示了两者之间的关系。这种关系体现在以下三个方面:

第一,同质性被包含于异质性之中。"简单的占有过程,通常被呈现在复杂的排泄过程之中。"① 巴塔耶以圣餐仪式为例,分析了其中会涉及的各种可能性。他指出,作为一种宗教仪式,饮食这种最基本的耗费所实现的其实是一种沟通,它与食物的异质性被增强还是被常规性地消灭无关。如果是后者,即表现为通常的吃掉食物的过程,那么对食物的准备就是一种占有过程,而吞食的过程则是复杂的现象,其中,或许节制的和理性的占有会占据主导地位。但是,与此不同,献祭性耗费则是以与不可通约的异质性因素相结合,并以此获得神力的增长为目的。可见,尽管占有过程会作为中间环节出现在圣餐仪式中,甚至在有些时候会占据主导地位,但是,从圣餐仪式的总体过程和最终意义来看,这种占有过程不过是一段"插曲"或一种"曲折",作为耗费的活动、与异质性相结合的活动才是它的实质所在。事实上,同质性被包含在异质性之中,不是仅仅体现在圣餐仪式中,而是体现在人类社会生活的方方面面。同质性过程或同质性领域,如同在人类刻意努力下所经营出来的一块僵硬、冰冷的领地,而异质性却是在这块领地之下炽热流淌、汹涌激荡的地底熔岩。同质性终究是漂浮于恣肆汪洋的异质性之上,又被包围和衬托在宽广无际的异质性之中的。

第二,异质性是同质性的终点。同质性的占有,无论是物质上的还是观念上的,最终只能导致异质性的排泄阶段。所有的同质性活动,都是在异质性的基础之上强制性地营造出一片同质性的空间,这一过程实

---

① BOTTING F, WILSON S. The Bataille Reader [M]. Oxford: Blackwell Publishers, 1997: 151.

则是逆流而动。它必然会产生无用的副产品或废弃物，当这些无用的副产品或废弃物堆积到一定程度进而起决定作用的时候，同质性过程就必然要终结了。这种终结的表现，就是要通过以排泄为代表的异质性活动复归于异质性之中。同质性的终结不仅具有外在的必然性，就其自身而言，同质性的自我重复也无法确证其自身。它的无止境的占有、生产及其扩张，只能陷入"恶的无限"。只有当它以异质性作为自身的终点时，它才能完成自身。在观念层面，同质性观念同样是以异质性为其终结。人们总是希望获得关于存在的同质性的观念，黑格尔的辩证法就是其中的代表。它可以在客观自然中发现大量与人类的排泄和占有模式相一致的现象，从而以辩证的形式再度获得关于自然与人类的同质性观念，并且可以通过对动物、植物、事件、自然和存在的考察使这一观念得到印证，而不会遇到任何阻碍。然而，这事实上是将一种外在的逻辑秩序强加于这一系列对象之上。只有异质学的实践，可以反对这种对于同质性的归顺。巴塔耶说："一旦理性理解的努力以自相矛盾告终，理智粪石学（intellectual scatology）的实践就会要求那些无法同化的因素的排泄，这是以另一种方式在粗俗地陈述：突发的大笑是哲学沉思唯一可以想象的和终极的结果，而不是手段。"① 显然，同质性观念无法永久延续自身，异质性的实践是同质性观念的必然终点。

第三，异质性是同质性的目的。同质性本身不能构成其自身的目的，无论是考察人类的经济活动时所揭示的交换和攫取，还是那些统治整个社会领域的生产和科学活动，它们最终的目的其实都在于耗费。局限于同质性领域内的自身循环与繁衍，只是社会分化、生存片面化及其强制的结果。在讨论异质学实践时，巴塔耶指出，占有活动只是排泄活

---

① BOTTING F, WILSON S. The Bataille Reader [M]. Oxford: Blackwell Publishers, 1997: 155.

动的手段，一个工人劳作是为了获得交媾的强烈快感。换言之，他积累是为了花费，而那种认为性繁殖是为了给未来的劳动提供必要条件的观点，则是与将工人和奴隶不自觉地等同起来有关的。① 以往，奴隶必须积累产品，供奉武士和神父，后者则以道德的重轭约束前者。当我们打碎这种道德统治，人们就可以将他的存在理由与排泄、异质性因素联系起来了。这事实上是将异质性的排泄即耗费的权利复归于个人，而这种权利以前是以社会分工的形式让渡出去并交付于特定的贵族和僧侣阶层的。巴塔耶看到了传统社会中的这种社会分工的结构，进而认为，就社会群体而言，同质性因素的组织化的最终目的，也都是指向异质性因素的。同质性社会是没有能力在自身中找到存在和行动的理由的，因此它必须求助于外在于它的异质性，依赖于作为异质性的绝对力量。巴塔耶揭示了在施虐狂（sadism）的结构中，"许多奴隶像懦夫一样劳动着，去准备绚丽而狂暴的爆发"②。这种施虐狂的结构广泛存在于历史上许多社会群体的组织形式中。在这些组织形式中，同质性意味着奴性，意味着对物的服从，由广大生产者或民众来体现；异质性意味着自主权，意味着对于物的超越，由统治者或领袖来体现；而广大生产者或民众则在统治者或领袖所体现的自主权中获得安慰和认同，形成社会的凝聚力和对既定结构的默然顺从。巴塔耶所建构的这种关于社会心理的理论模型，也成为他分析法西斯主义的心理结构等社会关系案例的理论利器。

四、社会的异质学分析

巴塔耶的异质学不仅是一种思维范式，而且包含着对于社会的深刻

---

① BOTTING F, WILSON S. The Bataille Reader [M]. Oxford: Blackwell Publishers, 1997: 155.
② BOTTING F, WILSON S. The Bataille Reader [M]. Oxford: Blackwell Publishers, 1997: 149.

分析。这种分析，比较深刻地从社会自身的结构与逻辑出发看到了社会运行的特性。这具体体现在巴塔耶的"圣社会学"（sacred sociology）[①]思想中，它结合了宗教和心理分析，揭示我们习以为常的社会只是显露出来的"冰山一角"，在此之下还有更加庞大和神秘的部分。

"圣社会学"不是社会学的一个门类或分支，而是一种特殊的整体性的社会学。应当注意到，它和我们所熟悉的宗教社会学有着重要的区别。巴塔耶说："神圣社会学不像宗教社会学（religious sociology）那样仅仅是社会学的一部分……神圣社会学不只是研究宗教性的机制，而是研究整个的社会一体化机制。"[②] 巴塔耶继承了法国社会学传统，坚持社会不等于构成它的各种因素的总和的整体性观点，认为社会不是群体（mass），也不是涂尔干（Émile Durkheim）意义上的有机体（organism），而是一种复合存在（compound being）。这种关于社会的"复合存在"观点，强调了从原子、分子直至人类生活共同体一贯地发生作用的一体化运动。基于对这种一体化运动的关注，巴塔耶没有从社会要素着手对社会进行分析，而是从总体上把握了社会的分离与整合的交织，探讨了异质性与同质性在社会组织层面所体现的运动机制。

巴塔耶对异质性的探讨，突出表现在关于"圣性事物"的研究上。巴塔耶所谓的圣性，并非如同近代以来的宗教中的那种纯洁、高贵的神圣，而是相对于平稳的、自我封闭的、同质化的世俗世界而言的圣性。它实质上是经过世俗世界中介了的动物性，是一种"圣性的"动物

[①] 在巴塔耶的著述中，神性（divine）与圣性（sacred）是两个不同的词。虽然国内已有"神圣社会学"的译法，但是为了词义上的准确起见，这里仍选择译作"圣社会学"。
[②] 汪民安. 色情、耗费与普遍经济：乔治·巴塔耶文选［M］. 长春：吉林人民出版社，2003：75.

性。① 这种"圣性"的形成，源自人类精神中禁止与侵犯的交互运动，这种运动最终形成了世界组成的三个层次或精神发展的三个阶段：动物性、人性、圣性。

在动物性的阶段，真正意义上的人类还未形成，他们作为一种动物性的存在与自然浑然一体，内在于原初的自然之中，完全顺从于自然的法则。动物性的存在方式体现为直接性，即服从于欲求的直接的满足。然而，当人类自我觉醒之后，就会对于自己依存于自然、服从于本能的状态产生嫌恶和恐惧，而加以挣脱和拒斥。拒斥的具体方式就是禁忌。正是通过禁忌，人类的自我才从自然中脱身而出，得以形成。

在人性的阶段，作为理性主体的人类自我得以形成并占据了主导地位。从最初的源头来看，对于人类作为理性主体的形成具有重要意义的是死亡。巴塔耶对于死亡的看法深受黑格尔《精神现象学》的影响。黑格尔曾说："精神的生活不是害怕死亡而幸免于蹂躏的生活，而是敢于承担死亡并在死亡中得以自存的生活。"② 在此基础上，巴塔耶认为，死亡意识是自我意识的根基，死亡的闯入或来临，使存在者认识到自身的有限，并由此形成了作为"有限者"的精神的觉醒。一旦成为有限者，它就与自然的无限连续性分割开来，并由此开始获得了"否定之力"，将自己从自然的连续性中抽离。这种抽离的具体方式，就是设立禁忌，对死亡、性欲等自然力量进行拒斥，对当下的欲望、冲动进行抑制，进而超越现时现地的直接性，将过去与未来的时间纳入此时的考虑，进行超出具体时空场景的谋划。巴塔耶说，这种谋划的观念，这种

---

① [日]汤浅博雄. 巴塔耶：消尽 [M]. 赵汉英，译. 石家庄：河北教育出版社，2001：187.
② [德]黑格尔. 精神现象学：上 [M]. 贺麟，王玖兴，译. 北京：商务印书馆，1997：21.

64

让"现在此时"服从了"之后理应到来之时"的心理习性，即是理性。① 人们在这种理性的指导下制造工具，发展生产，日渐创造出一个人类化的世界。这时的人类已然是作为"生产者"的人类了。此后，人开始把物从自然中抽离出来，并占有之、操持之，进而以世俗的功用价值来衡量物。这样一来，任何物都被视作目的或是手段。手段为之有用的目的，又对下一个目的有用。如此周而复始，形成了物之间无尽的循环与繁衍。另一方面，人与物的关系变成了占有的关系。人类在占有物的同时，也因为占有和操持而被这种"所有物"所同化，接纳了"物性"，② 不得不按照物的逻辑进行思考和行动。这样就形成了一个被巴塔耶称为"俗事物"（le profane）的世界，一个在其中人也被物化了的、由功利性链条重重环绕而成的物性的世界。

"圣性"是对世俗世界的进一步拒斥。基于理性和生产的世俗世界并未将动物性消除殆尽，而只是暂时地加以拒斥了，而且当世俗世界形成以后，人类又会对已然形成的世俗世界进行进一步的拒斥，从而生发向着动物性的更强烈的回归。这时，作为世俗世界之否定的动物性已经不再是原初的动物性，而成为"圣性"。献祭就是这种通向"圣性"的体现，它脱离了理性和生产的规则，将祭品白白地消耗掉，从而与神沟通。这实际上就是一种"耗费"。它还具有强化共同体内部的联结纽带的功能，可以增进共同参加献祭人的一体感。献祭，以及对被禁止的事物的侵犯，是对世俗世界的既成规则的违反，是向着原初已经被拒斥的动物性、如今具有了更强魅惑性的圣性的回归。巴塔耶在这一过程中，

---

① ［日］汤浅博雄. 巴塔耶：消尽［M］. 赵汉英，译. 石家庄：河北教育出版社，2001：118.
② ［日］汤浅博雄. 巴塔耶：消尽［M］. 赵汉英，译. 石家庄：河北教育出版社，2001：143.

揭示了人类精神中存在着禁止又侵犯、拒斥又欲求的既对立又一体的二重化运动。被分解为各个环节的从动物性、人性（理性）到圣性的过程，都可以从这种既对立又一体的二重化运动中得到理解。

按巴塔耶的论述，经过精神的上述运动，就形成了三重世界。其中，世俗世界是主导性的、强势的世界，也是同质性的世界，而在此之下的动物性和在此之上的圣性都是异质性的。因此，无论是"卑俗唯物主义"所关注的排泄物这样的下等形式，还是"圣社会学"所关注的神圣物这样的上等形式，都构成了异质性的现实。它们都是外在于世俗世界并且无法被世俗世界所容纳的事物，同时，世俗世界的同质化进程，不仅无法与它们彻底相脱离，而且还需要依靠它们、围绕它们才能得以展开和进行。

巴塔耶对社会的分析突出了对同质性的批判。社会的同质性倾向，是从直观上很容易理解的部分，因为我们正处于这一倾向之中。在巴塔耶的时代，社会的同质性无疑已经充分展开。时至今日，社会的同质化程度更是超出了巴塔耶的时代，无论是标准化的生产流水线、全球一体化的企业经营模式，还是货币化、数字化的日常生活方式，都是这种同质性更加深入、更加全面的体现。然而，不管多么发达的同质性，在巴塔耶的上述思想中，都仍然只是一种有限的存在，只是处于动物性与圣性中间的夹层部分。

社会同质性的具体内容，从根本上说，就是一切以"有用性"的标准进行衡量，并把无用的要素完全排除在外。这种关于"有用性"的功利主义观念的形成，按照巴塔耶的阐述，是从精神觉醒并制造工具的时刻开始的。从那时起，工具成为人类生活的支撑力量，而工具是以他物为目的的存在。以别的事物为目的、为外在目的而存在，就必然要失去其"自主性"，被这个外在的目的所衡量，而衡量的准则就只是有用性。

　　有用性是同质性的具体内容，而使这种同质性得以生成和拓展的根源，则在于占有和生产。占有，使人接受了物性，因为人占有物的过程也是作为占有者的人与被占有的物之间进行"通约"或同质化的过程；生产，作为不断地创造所有化的物的源泉，则不断地进一步扩展了整个社会的同质性的基础。巴塔耶说："生产是社会同质性的基础。"[1] 尤其是当它与科学和技术结合起来的时候，就使这种社会同质性更加完善和成熟。现代资本主义社会，就是一个生产中心主义的典型的同质性社会。资本主义经济取消了中世纪的静态经济和奢华的非生产性消费，开动了持续的动态增长的生产机制。现在，当我们从异质学的视角来看这样一种机制时，就会发现财富在以资本的形式进入自我增殖的进程中，整个资本主义社会变成了一个无限繁衍的物的世界，而物性价值以外的东西，却被忽略了、遮蔽了。这样的社会是货币化生存的社会，是资本家、有产者的社会。在这样的社会中，每个人的价值都不过是他所占有或生产的东西，而诗人、流浪汉、疯子等没有被物所同化的人，都成了被排斥在社会之外的异质性因素。

　　同样，在意识层面，一切也都围绕着对物的认识和谋划而展开。理性、效率占据了至高无上的统治地位，人的瞬间感性经验和完整生命体验，要么被纳入理性分析和社会生产的环节之中，要么就被排斥、压抑到无意识的黑暗领域，就像不存在一般。从上层建筑的层面来看，巴塔耶认为，现代社会存在着一种概念式理性对于神话思想的暴政。神话不是理性的欠缺。失落的神话式思想和概念式理性一样，自有其价值。它们只是思考世界的不同方式，但是却同样合法、有效。神话也不是意识

---

[1] BOTTING F, WILSON S. The Bataille Reader [M]. Oxford: Blackwell Publishers, 1997: 122.

形态，而是一种社会形式的特征。意识形态是同质社会的特征，神话则是异质社会的特征。同质社会里没有违犯（transgression），取而代之的只有多样化（diversity）。这样一个片面的世界，禁锢了人类生命活动的形态与空间，束缚了对生存方式的更多可能性的探索，在其表面繁荣之下，终究是包含着危机的。

巴塔耶关于社会发展的观点，在一定程度接受并改写了马克思关于社会基本矛盾的看法。巴塔耶同样认为，生产和经济对于社会具有决定性影响。但是，他与马克思的差别在于：如果说马克思对生产在社会发展中的功能持积极的观点，认为生产作为历史进步的因素推动或迫使社会做出了改变的话，那么，巴塔耶对于生产在社会发展中的功能则是持消极的观点，认为生产的发展意味着蕴含于其中的同质性与异质性的矛盾的发展，这将导致社会的分裂。这种分裂到达一定程度，就能改变同质性形式，或使同质性形式瓦解。

基于生产的同质性体系，包含着分裂的危机。同质性体系的建立，是在异质性的环绕中开辟的，受到暴力和内在反对的威胁。为了维持这种同质性体系，必须采取长期的保护措施。"在这种情况下，对同质性的保护，求助于它的强制性因素，这种强制性因素能消除各种难驾驭的力量并把它们置于秩序的控制之下。"[①] 国家就发挥着强制性因素的作用，它受到同质性的支配，运用权威削弱那些不可同化的力量。然而，虽然国家能驯化异质性力量，至少能使其中立化，将其纳入同质性的秩序之中，但是，这也使作为约束形式的社会结构具有内在分裂以至爆破的危险。

至于社会危机在什么条件、什么时机下会爆发，巴塔耶并没有明确

---

① BOTTING F, WILSON S. The Bataille Reader [M]. Oxford: Blackwell Publishers, 1997: 124.

指出。可以认为,巴塔耶的危机理论是比较含糊的。他只是继马克思之后指出了经济生活的矛盾将会导致分裂,这种分裂将导致同质性秩序的解体,以及异质性因素的释放与重组。在巴塔耶看来,法西斯主义甚至社会主义运动都是将资本主义危机时期分裂和释放出来的异质性因素进行重组的结果。

巴塔耶提出异质学,强调异质性,就是要让人们关注在同质性体系之外终究存在着的异质性因素,特别是要让人们重新认识那些在同质性的资本主义价值体系以外的东西。异质性的社会存在,是在资本主义社会建立并扩张的进程中,那些未被完全纳入资本主义同质性体制的东西,比如传统社会的神圣性,又如遭到理性排斥的丑恶或卑贱的存在、无意识的过程等。从实际历史进程看,资本主义的形成过程也是古代社会的神圣性因素被排挤、遮蔽的过程。这鲜明地体现在资本家与贵族的区别上:贵族是以慷慨施舍为特征的,以此确认自身的地位;而资本家则以聚敛为业,放弃了耗费的义务。显然,随着人类社会中借助献祭、战争等非生产性活动维系的"静态体系"被旨在占有物并使之增长的"动态体系"所取代,古代社会中的僧侣和军事贵族等也逐渐丧失了其在社会结构中的中心地位而被资本家所取代。在这个意义上,相对于世俗的有限经济而言,异质性特别地意味着神圣性,"神圣世界在很大程度上就是由异质世界构成的"。而在更一般的意义上,异质性完全就是指耗费的领域,"在构成宗教或巫术的共同领域的那些神圣事物之外,异质世界还包括了一切来自非生产性耗费的事物(神圣事物本身就来自其中的一部分)"[①]。

异质性因素不仅是存在的,并且在实际地发挥着作用。特别是,一

---

① BOTTING F, WILSON S. The Bataille Reader [M]. Oxford: Blackwell Publishers, 1997: 127.

且危机爆发，这些异质性因素就会重新活跃起来。这种作用的发挥有两种类型：一种是消极的类型，即社会的解体；另一种是积极的类型，即动乱以及由此而来的社会的彻底改造。异质性因素发挥作用的具体方式是，当异质性因素重新活跃起来之后，就会被重新组合，形成新的结构。

巴塔耶通过对异质性的讨论，从另一种角度阐述了马克思的异化与解放思想。他把异化与同质性问题进行了绑定，以批判同质性的方式对异化进行了批判。巴塔耶没有从人本逻辑的主观设定出发，批判现实资本主义社会对于预设的所谓"人的本质"的背离，而是从异质学着手展开讨论，并告诉我们，同质化地建构社会的意识形态是一种错误的观念；同质化地建构起来的社会同样是一个错误的历史事件。应该看到，社会结构得以构建起来，不是围绕着同质性内部的量的增长，也不是围绕着对生存的维持。相反，它是出于一种异质性的力量，出于一种为了获得声望而积累可用于挥霍的过剩产品的需要。因而，要克服异化或者改变这种同质性状况，只有通过诉诸异质性的实践才有可能实现。巴塔耶不仅在一定程度上发展和充实了异化理论，而且发展和改写了马克思关于解放的思想。资本主义社会是典型的、极端的同质性社会。无产阶级要获得解放，不是要像马克思所说的那样在劳动中结合起来成为一个阶级，而是要拒绝劳动，成为异质性因素，从事异质性活动。在这里，他倡导的实际上是作为异质学实践的革命。由于这个原因，巴塔耶不仅看到了无法被资本同化的工业无产阶级的作用，而且似乎更看好一贯遭到传统马克思主义者斥责的"流氓无产者"，因为后者对于资本主义社会来说是更彻底的异质性的社会存在。从肯定其思想价值的角度来说，巴塔耶关注个人的异质性转变，也必然要求社会的同时转变。这就要求打破资本主义意识形态的"个人主义"核心观念，转向一种个人与社会互通的双重观念。同时，也应当看到，巴塔耶的这些观点虽然看似更为激进，但脱离了实践的根基而只是指向主观的狂欢，因而具有明显的空想性质。

第三章

理性思辨与内在经验

后现代哲学不仅在思维范式上有所反思和置换，完成了从辩证法到异质学的转变，而且进行了理论路径的调整与更新。对于后现代哲学而言，如果说辩证法的主要弊病在于试图寻求事物差异性背后的观念同一性并因此一度陷入了失效的危机，那么，这就更意味着整个理性思辨的传统也要受到检视和质疑。辩证法是理性思辨的极致。在辩证法遭到拆解的同时，使辩证法得以生成的理性思辨的路径也必然被动摇。

巴塔耶所滥觞的后现代哲学，抛开了理性以及作为其具体体现的谋划和生产经营，转而把经验作为唯一的权威和价值。这种理论路径的调整，从根本上说，是对如何理解人自身的存在方式这个根本问题做出了新的回答。不同于理性思辨在一定前提下以概念联结的方式进行抽象运作，内在经验的探索摆脱了教条化的预设，在新的精神领域不断僭越前行，事实上展开了一场通往人的可能性尽头的旅行。这意味着既成人类理性自我的消解以及向着存在方式的新的可能性的迈进。

一、理性及其与宗教信仰的共通性

相对于西方传统精神结构中以上帝为中心的模式，现代性旨在突出人的主体性地位，而理性则是突出主体性的具体路径。主体和理性的结合，支撑起了西方社会一个漫长的合规律性与合目的性不断统一的过程。从社会变迁来说，理性逐步取代信仰的过程，帮助人们从宗教信仰中摆脱了出来。在此之后，人们也需要一个新的凭据，为自己在茫然无依的现代时空境遇里设定路标。这种对确定性或关于确定性的幻觉的寻求，在很长时间内成了现代理性的主题。理性取代对上帝的信仰，成为价值的源泉和对现存事物批判的标准。就具体表现而言，理性地位的突显，事实上张扬了人类敢于使用自己理智的决心和勇气，促使人们摆脱精神上被管制、被指导的习惯，而进行独立的思考，放开胆量去扩展自己的精神空间。由于理性具有从宗教信仰中挣脱的作用和表现，一般说来，理性与宗教信仰就很容易被区分对待了。然而，巴塔耶从对理性、宗教信仰都持批判态度的立场出发，把理性与信仰放在一起看待了。

"理性"与古希腊语的"逻各斯"相关，但在罗马时代被译为拉丁语中的 ratio，原意是计算金钱，译成法语是 raison，在英语中为 rationality，通常指人借助抽象思维，为了获得预期结果，全面了解现实分析出多种可行性方案，再判断出最佳方案且对其有效执行的能力。它通常包含概念、判断、推理等具体形式。理性在不同的情境下所呈现出来的主要有两个方面的特征：一方面是在认识和思维上相对于感性事物而言的间接性、抽象性，另一方面是在实践和价值上基于时间维度的方向性、功利性。理性的这两个方面的特征，统一于理性含义中的消除质性差异而进行量上比较的可计算性。

关于理性的抽象性特征，巴塔耶注意到，人具有一种与语言相关联的能力。语言是一种记号系统，可以取代某事物而表现之。人之所以能掌握语言运用的能力，缘于人能够把此时此地具体可感的事物与其他事物分断开来，凭借"思维的、主体的能力"将其任意移向其他场所或改为不同的配置方式。这个过程就是概念形成的过程。"人类关于某一事物形成了一个'概念'是怎么回事呢？那也就是说，是把那样的事象从那个'此地此时'抽离开来。"而"这个事象一旦生成为'概念'，便能被人类（主体）任意移动或改变配置方式"①。这种由事象生成的概念，就表现为具有意义的话语。概念之间的关联，词语及其语法结构，使理性的逻辑关系得以展开。理性本身又包含着同义反复的思想内容，这是"一种类似于语言使用过程中的自指现象，自己以自己的存在作为前提"②。这种同义反复，在传统欧洲哲学中的表现，就是以笛卡儿提出"我思故我在"为标志肇始的主体性哲学的兴起。理性和自我的独立地位得到了确认，而在主体性得到突显的同时，作为主体的思辨理性也为自己设定了一个对方，二者之间的关系构成了所有知识探讨的前提。这种由主体自己所设定的主体与客体对立的认知框架，甚至构成了唯物主义与唯心主义之间表面对立背后的共同思想背景。同义反复的理性思辨，在黑格尔哲学达到了巅峰。黑格尔把主体和客体、物质和精神结合到了一起，而这一结合过程就体现为观念或绝对精神自我认识的全部历程。理性是黑格尔把全部历史构建为一个统一整体所依赖的原则。历史内在于理性，世界内在于理性，历史和世界与理性交融为一体，而人的活动和世界中的事物，都作为历史整体和世界整体的一部分获得自己的意义和价值。按照福柯的研究，主体通过把自己周围的一切变成客体，最终把自己提升为人类的普遍理性，而这种理性不仅征服了疯癫，隔离了社会异质性因素，而且征服了单个有机体的需求本性和全人类的社会机体。③ 至此，理性成为审判一切的法官，成为一切事物

---

① [日]汤浅博雄. 巴塔耶：消尽 [M]. 赵汉英，译. 石家庄：河北教育出版社，2001：136，137.
② 尚杰. 法国当代哲学论纲 [M]. 上海：同济大学出版社，2008：361.
③ [德]哈贝马斯. 现代性的哲学话语 [M]. 曹卫东，等译. 南京：译林出版社，2004：288-289.

的标准。理性思考的运算逻辑还可以被模拟，可计算性的思考奠定了计算机的理论原型。时至今日，计算机技术的飞速发展已经使电脑的运算能力和运算速度远远超出了人类。如果这个世界只需要以理性特别是计算的方式来运行，那么，计算机或许就完全可以取人类而代之了。但是，人类的情绪、直觉等内在经验，连续性的、不断突破自身的创造性活动，却是可计算性之外的要素。如果说计算机作为一种技术装置完美代言了人类的计算模式，那么，数学作为一种人类理论活动却不会屈就于这种被设定了的理性运演框架。19世纪以来，数学已经逐渐放弃"证据真理"概念，开始认为逻辑只是数学的低级形式，而数学则是一种解放心灵的活动。数学直觉主义的代表人物布劳威尔（Luitzen Egbertus Jan Brouwer）就认为，意识的原始特征是破碎的、抓不住的，数学的基本概念就是在呈现这样既存在又不存在的现象。"我能够不断地在那些我已经构造的事物'之间'插入数字，我插入这些数字不是根据一个确定的步骤，也不是通过空洞地给予它们构想的名字，而是通过一个自发的、自由的、真正的个人的选择。"[①] 自我的无语言的活动，逃避词语和推理，以无法言说的痴迷状态存在。可见，即使在数学领域，理性的逻辑排列方式也在为由直觉、信念和意志等支撑的生命创造活动做出让步。

巴塔耶更关注理性的功利性特征，并以"谋划"来指称理性活动。如果说理性本身具有抽象性，那么理性活动则更多地具有功利性。这种功利性的运作，不仅是脱离"此地此时"，而且会要求让"现在此时"服从"之后理应到来之时"。在《内在经验》的第一部分"内在经验导

---

① ［加］塔西奇.后现代思想的数学根源［M］.蔡仲，戴建平，译.上海：复旦大学出版社，2005：56.

论草稿"中，巴塔耶写道："反对谋划观念，占据了这本书的本质性部分。"① 这种反对又是通过此后以"痛苦"（supplice）为主题的各章展开的。作为一个生存论意义上的哲学概念，它特别地意指一种使理性无效的人类体验，因为在"痛苦"中理性是虚弱无能的，失去了它的支配地位。那么，什么是谋划呢？"谋划不仅是行动所暗含、所必需的存在模式，它也是处于荒谬的时间中的存在方式：它将存在交付于更晚的时刻。"② 在实施谋划、从事行动的人身上，可以看到理性和话语性的思考，可以看到当下的行动服务于未来的结局。他们不仅超出了具体时空，而且能够自如地在时空中配置行动和资源以实现自己的目的。这根源于人能够抑制自己的本能，不完全按照自然赋予的方式即时性地满足欲求，而能够让现在此时的利益延宕到以后。工具的使用，就是这种理性活动的典型表现。制作工具本身并没有带来满足，但是能在以后使用时取得更多的收获。工具只有作为一种有用的手段才被赋予价值，而诸多的手段和目的之间相互关联接续延伸，则构成了现代社会一味追求物质丰富的功利性生产体系。甚至人自身相对于工具而言应当具有的自主性的终极价值，常常也在为物所役的繁忙劳碌中被遗忘了。从机制分析看，以资本主义经济为典型的现代社会运行原则突出体现为"经济理性"。对于"经济理性"，安德烈·高兹（André Gorz）在《经济理性批判》一书中有深刻的揭示。简单说来，它指的就是以计算和核算为基础，为了获得更多的产出而不断改进工具，使用计算机和机器人等高科技手段，并把节约下来的劳动时间尽可能地加以利用，以生产出更多的额外价值。经济理性包含三个原则：计算和核算，效率至上，越多越

---

① BATAILLE G. L' expérience intérieure [M]. Paris: Editions Gallimard, 1954: 18.
② BATAILLE G. L' expérience intérieure [M]. Paris: Editions Gallimard, 1954: 59.

好。说到底，经济理性就是将一切同质化和数量化，然后一味地追求量的增长，不管其他。在经济理性宰制下，利润的尺度成为衡量一切工作的标准，成功不再关乎生活品质，而只关乎所挣取和积累的财富的多少。"量化的方法确立了一种确信无疑的标准和等级森严的尺度，这种标准和尺度现在已用不到任何权威、任何规范、任何价值观念来确认。效率就是标准，并且通过这一标准来衡量一个人的水平和效能：更多比更少好，钱挣得多的人要比挣得少的人好。"① 这种谋划观念和经济理性，形成了资本主义生产和功利主义经济的根本桎梏，使全部人类活动只关注无止境的量的增长，而忽略和无视现实存在着的质的差异。对此，巴塔耶显然不能赞同。他指出，所谓理性和科学，只是主体武断地划分客体并运用语言显像化以表达事物的过程。理性以有用性的标准、可量化的手段来划分外物，然而，这样以科学名义建立的世界并不是一个完整的世界，而只是一个"摹仿世俗世界事物的抽象事物世界，一个功利性统治的片面世界"②。巴塔耶在对理性深入洞察的基础上采取了批判的态度，而且这种批判不仅限于理性，也延伸到了宗教信仰。

信仰作为人类社会生活和精神生活的一种重要现象，发挥着人的精神皈依和行为指南的作用。信仰的产生有着重要的心理基础，却未必是理性思辨的结果。对永恒的仰望，对人生意义的追问，对自身有限性、脆弱性的强烈觉知，对自身之外或自身之上的存在的敬畏，所有这些都有可能成为触发信仰的契机。美国哲学家詹姆斯认为："信仰并不是'信仰我愿意信仰的东西'，也不是所谓的'信仰就是相信某种你明知

---

① GORZ A. Critique of Economic Reason [M]. HANDYSIDE G, TURNER C, trans. New York: Verso, 1989: 113.
② 汪民安. 色情、耗费与普遍经济：乔治·巴塔耶文选 [M]. 长春：吉林人民出版社，2003：204.

道不是真实的东西'。这是一般人的错误理解。"事实上,"信仰的自由只能适应于那些个人理智本身不能决定的充满活力的选择;充满活力的选择对于思考它们的人来说绝不会显得荒谬"①。这就是说,信仰超出了理性的范畴,意味着超越理性而真诚信服的意志态度。对于个体来说,信仰可以产生强大的精神动力;对于群体来说,信仰也可以成为群体的凝聚纽带和共同标识。例如,在美国这样一个基督教国家,所有钱币上都印有"IN GOD WE TRUST",而且教会也是把基层社区组织起来的重要形式,很多民众真诚信仰上帝,整个社会则通过对上帝的信仰而建立了互信,得到了凝聚。

宗教信仰是一种群体形式的信仰。宗教信仰在社会生活中的持续存在一般会涉及三个层面:其一为教义,即宗教的思想观念及感情体验;其二为教仪,即宗教的崇拜行为及礼仪规范;其三为教团,即宗教的教职制度及社会组织。法国社会学家涂尔干认为,"宗教是一种与既与众不同,又不可冒犯的神圣事物有关的信仰与仪轨所组成的统一体系,这些信仰与仪轨将所有信奉它们的人结合在一个被称之为'教会'的道德共同体之内"②。宗教信仰与其他个体信仰的差别在于,宗教中有教会这样的特定组织,而教会的存在会对其成员造成一种约束力和强制性,会要求成员效忠集体、奉行仪式。这些约束很容易偏离信仰的原意,而只是沦为僵死的客体,发挥体制化的作用。

自启蒙以来,人类迎来了理性祛魅的时代,宗教信仰的地盘已经大幅退缩,甚至在猛烈批判之下逐渐丧失了作为社会凝聚力量的作用。理性是宗教的替代物,发挥着从源头上对社会思想观念进行整合的作用。

---

① 万俊人,陈亚军. 詹姆斯文选 [M]. 北京:社会科学文献出版社,2007:457.
② [法]涂尔干. 宗教生活的基本形式 [M]. 渠东,汲喆,译. 上海:上海人民出版社,1999:54.

在康德使理性成为立法者之后，出现了两种致思路径：一种是黑格尔的路径，使理性绝对化，在精神运动往复循环的过程性中涵盖一切，克服康德对理性和信仰的割裂式处理，使理性完全取代宗教；另一种是尼采的路径，推崇非理性的酒神精神，以艺术取代传统宗教信仰。概括这些路径，可以说，西方现代性话语的基本语境就是"用什么替代宗教"的问题。[①] 继黑格尔和尼采之后，巴塔耶对这个问题的回答更加深入到对宗教本身的剖析了。他釜底抽薪地探讨了宗教何以出现、原始宗教性活动发生了什么变化、如何看待制度化的宗教等一系列比"用什么替代宗教"更为根本的问题。

巴塔耶对于宗教信仰的揭示，着眼于对人性的考察。巴塔耶对人性的考察起初是从色情入手的。正如弗洛伊德言必称性一样，巴塔耶对色情的思考也相当深入。其实，无论是性还是色情，对人来说都是至为切身的现象，但巴塔耶强调的是两者的不同：性只是肉体的自然冲动，动物也有性，而只有人才会有色情。其中的关键就在于，色情中已经蕴含了社会性的禁忌和对自然冲动的制止，同时又是对禁忌的违犯、对制止的僭越。换言之，色情是对动物本能的"否定之否定"，从而形成了一种复杂动态的、充满张力的精神结构。这种颇为黑格尔式的精神分析，最终将人性描述为一种"禁止与侵犯"的双重运动。

在此基础上，巴塔耶认为，"圣性事物"的发生源自禁止与侵犯的运动。使人从动物的世界脱离出来的不只是劳动，还有禁忌。劳动意味着人并非简单接受外界条件的动物，禁忌则意味着人同时还否定作为动物的自身。禁忌所针对的，是人自己身上的动物性的需求和生存状态。它反对性欲的放荡不羁，憎恶人体排泄的污秽，并努力与死亡保持距

---

① 陈嘉明, 等. 现代性与后现代性 [M]. 北京: 人民出版社, 2001: 29.

离。因为性、污秽、死亡等，都在昭示着自然的力量。所谓人性，在狭义上就成了与大自然、动物性保持距离的刻度。越是人性的，就越远离动物性，越远离原初的自然状态。于是，相对于动物与自然浑然一体、对欲望即时满足，人类就表现出对欲望的压制拖延，表现出刻意的洁净优雅。正是通过对自身动物性的否定，人类的世界才得以形成。人类的世界是理性的、生产的、自我持存的，就像是从自然混沌整体中开辟出来的一片清晰明丽的疆域。然而，这片疆域并非如一块铁板般稳固恒定，因为它又承载着向大自然复归的强大趋力。这表现在人类身上，就是对禁忌的违犯也随着禁忌的形成一起出现了。人对自身动物性的否定本身又随即遭遇新的否定，这种新的否定指向了"圣性"（le sacré）。对圣性世界的体察，使人类形成了一种"恐惧与魅惑、嫌恶与诱惑浑然一体的圣性的感情"。"最初的圣性的世界，与将一度厌恶、拒斥、远离了的'动物性'的要素重新呼唤回来的'欲望'及行为（亦即侵犯）联结在一起。"[①] 但是，这次否定并不是要真正回归原初的动物性，而是同时确认了禁止的强度和欲望的烈度。在人性的维度，人否定自身的动物性，强化从自然中分割出来的自我；而在圣性的维度，人又迷失自我、失去那些曾属己化地占有的东西，以回应超越自我的整体性诉求。这些维度实则纠缠为一体，禁止包含着侵犯，侵犯确认了禁止，恐惧和嫌恶包含着欲望，欲望又包含了恐惧和嫌恶。这种相互对立的一体性，构成了圣性事物的内在动力结构。宗教信仰作为超越功利的人类活动，也可以从这种圣性的维度得到理解。

宗教被巴塔耶称为"死亡高度上"的财富。它们是对圣性冲动的模仿和虚构，并以这种方式巧妙化解了足以颠覆人类世俗世界的危险，

---

① ［日］汤浅博雄. 巴塔耶：消尽［M］. 赵汉英，译. 石家庄：河北教育出版社，2001：187.

成为有利于社会稳定发展的精神纽带。巴塔耶曾分析了宗教献祭，认为献祭以纯粹地赠予物的方式实现了与神灵的沟通。在献祭中，祭坛上成为牺牲品的动物或人被杀死，意味着世俗物性的消除，使其返回到无边无际的宇宙，返回到一切事物都浑然一体的深深的连续性中去。比如，当人们把羊作为祭品奉献给神灵，"那并不是破坏掉'作为生物的羊'，而是破坏掉'所有物化的羊'"。① 或者说，"献祭就像一个人把木炭投入火炉"。② 只不过火炉还是有用的，木炭从属于它，而在献祭中，祭品摆脱了所有的有用性。同时，那些围观凝视着的人也在一起经历着"走向死的经验"。在被献祭深深吸引的过程中，观众产生了与祭坛上的牺牲相似的体验。原始的宗教牺牲等"交流"活动，既打开了连续性的维度，也引领世俗世界向连续性的黑夜沉沦消融。这对于人类世俗世界而言无疑是很危险的。于是，人类对它进行了制度化，使它由纯粹的牺牲变成了表演性的献祭。在懂得自我保存后，宗教献祭的参与者没有再真正奉献自己、让自己死亡，而只是借助祭品观摩了死亡；对于从大自然脱离自立的亏欠，他们虚意弥补，实际上又继续维持自己占有的世界，使之不断发展。这与《启蒙辩证法》中霍克海默（Max Horkheimer）和阿多诺（Theodor Wiesengrund Adorno，又译作"阿多尔诺""阿道尔诺"等）对"塞壬的歌声"的解读有异曲同工之妙。塞壬的歌声对人来说意味着"丧失自我的恐惧""把自我与其他生命之间的界限连同自我一并取消的恐惧""死亡和毁灭的恐惧"，而奥德修斯的策略则是用蜡塞住水手们的耳朵，让他们奋力划桨，又让水手把自己牢牢绑

---

① ［日］汤浅博雄. 巴塔耶：消尽［M］. 赵汉英，译. 石家庄：河北教育出版社，2001：201.
② BATAILLE G. Theory of Religion［M］. HURLEY R, trans. New York: Zone Books, 1989: 49.

在桅杆上，去听那歌声。如此一来，塞壬的诱惑就毫无作用，人们只是临时作为旁观者体验了自我丧失的美感。① 这种作假，正是理性的人类既保存自己又获得共同的神圣体验的秘密，而这种观摩死亡的神圣体验反过来又形成了宗教王权和群体精神的联结纽带。献祭蜕变为定期的宗教仪式，原始的圣性事物也变成了人格化的神。在这种制度化的宗教中，祭祀王开始发挥重要作用。作为人类设立的确保与神交流的媒介，他可以使臣民更加可靠地体验神的存在。祭祀王兼具神性和人性，并作为客体体现了不可客体化的至尊性。与此同时，宗教信仰、艺术享受等丧失自我的活动与遵令而行的劳动彼此分离又相互呼应，恰恰维持了理性支配下社会生产的内在精神平衡。

巴塔耶的研究揭示了理性与宗教信仰之间的共通性。这种共通性，一方面表现在宗教的制度化是一个合乎理性的过程，另一方面表现在理性本身对于宗教信仰的依赖性。就第一个方面而言，巴塔耶在宗教研究中发现，原始的宗教性很快就被制度化，收缩在合理性的框架之内。上帝的形象中既有圣性的因素，也有理性的因素。"上帝只不过是圣性（宗教性）和理性（功用性）相杂糅的产物，只有在功用性和圣性的混合成为安身立命之根基的世界里，上帝才有其位置。"② 与理性毫无关联的上帝是令人恐惧可怖的，是纯粹的圣性；而圣性也并不完全等同于神性，只有当神性从其位置上撤出而敞露空无，对圣性的体验才有可能。简言之，神性是圣性的理性化、制度化，有诸如上帝这样形象清晰的偶像作为崇拜对象；圣性则是无神的神性，是对理性化和制度化的超越。巴塔耶作为一名曾经的天主教徒，后来却突然失去了信仰，其中的

---

① ［德］霍克海默，阿道尔诺. 启蒙辩证法：哲学断片 [M]. 渠敬东，曹卫东，译. 上海：上海人民出版社，2006：25-27.
② BATAILLE G. Œuvres complètes：V [M]. Paris：Editions Gallimard, 1973：240.

缘由既有自己的冥想和对尼采的研读，也有对宗教信仰本身的深刻觉察。这种对宗教信仰的批判性反省，形成了以"无神学"（athéologie）为主题的一系列思想。这种"无神学"既不是以上帝存在为前提的神学，也不是对上帝问题漠不关心的无神论，而是侧重于描述和体认与"圣性"有关的内在经验。就第二个方面而言，在巴塔耶看来，理性的诞生与宗教信仰有着共同的孕育母题。理性的根源其实在于面对死亡的有限性意识，这种有限性意识使人从自然的连续性中分断出来，成为独立自持的存在，而这种独立自持的存在又进而得以超越此地此时的具体时空，从自身出发去时空中经营，使自己不断得到确认和扩展。可以说，人类的理性自我和宗教信仰都是对人生必有一死的有限性意识的回答，只不过理性自我体现了强化自身、固守自持的冲动，宗教信仰则体现了从清晰分断的有限性向浑然一体的连续性的复归。这两种方向不同的冲动事实上又构成了相互支撑的关系，宗教的制度化体现了理性趋势，而理性也有赖于与宗教信仰的支撑关系来发展自身。其中的典型表现是康德提出的为理性划界的思路，即认为一定有某些超越逻辑和知识的东西，它们乃是逻辑和知识的先决条件。这种被称为"先天综合判断"的东西具有重要地位，无法以理性的方式清晰地说出来，却在实际地起作用。这是作为思考的前提而提出的，是由理性思考设定、但又在理性之外的东西。不仅理性本身如此，表现在现实世界中的理性活动也与宗教信仰具有密切的关联。马克斯·韦伯就揭示了作为理性外在表现的资本主义精神与新教伦理的关联。理性活动的功利性特征，突出地表现在资本主义工业的生产经营上。对此，巴塔耶也注意到，"勤奋、惟利是图的工业家的心灵结构与平凡纯朴的宗教改革之间似乎存在着某种亲缘性"①。以资本主义工业为内核的现代经济改变了中世纪经济的静态模式，开启了生产机制的动态增长。在跨越时间维度的生产经营中，人们更喜欢的是财富的增长而不是财富的直接享用。在经过了路德和加尔文的宗教改革之后，人们不再把获得救赎作为目标，把消耗财富的宗教活动作为手段，用以赢得上帝的恩赐，而是用行动取代祈祷，用奋斗和劳动增添上帝的荣耀。宗教改革使人类不再直接面向神圣荣耀而转向了世俗活动，无保留地献身于劳动，献身于财富增长，由此带来了生产世界的自足性。

至此，巴塔耶对从宗教到理性的西方思想传统进行了视野宏大、内容丰富的深刻批判。在从事这种批判的同时，他也开辟了一种新的理论路径。这种理论路径既不是继续对理性包含的有限性意识进行自我确证，也不是遵循与理性相互支撑的制度化的宗教去探讨神秘主义，而是一种近似于宗教神秘体验、却又与其神学本性并不兼容的独特的内在经验。这种内在经验，既是对上帝缺席（absence de Dieu）的反应，也是对人自身存在的可能性边界的不断开拓；是对尼采的酒神精神和艺术哲学的继承，也对后现代哲学的形态演化产生了深远影响。正是由于这种努力，巴塔耶才得以一方面与海德格尔一样致力于打破现代性牢笼和理性的封闭空间，另一方面又能开辟与海德格尔不一样的通往后现代的路径。这一路径不是"在先验主体性的牢固基础上向前挺进"，而是关注主体性的越界问题，是"使单子化的自我封闭主体重新回到了内在生活领域，虽然这个领域已经变得陌生，也遭到限制、切割而变得非常零

---

① 汪民安. 色情、耗费与普遍经济：乔治·巴塔耶文选［M］. 长春：吉林人民出版社，2003：163.

散"①。简言之，在巴塔耶那里，理性以及作为理性根基的自我受到了质疑，而生命体验的深度探索及其向连续性的回归，则开始成为更加真实、更受关注的领域。

二、从抽象理性到内在经验

基于对确定性的寻求，理性走上了日益抽象的道路，而这种抽象对于生命来说却是相当片面的。理性基于确定性的对于精神空间的无尽拓展形成了自己的逻辑，比如，质性差别转化为量的增长，线性时间的观念深入人心，等等。在理性的运作中，起重要作用的是概念、判断和推理，其中概念是基础。借用几何学的表达方式，概念如同一个"点"，理性思考的过程就是把各种各样的"点"连接起来，从而形成一条不中断的线。由此来看，理性思考在追求确定性和建构性功能的同时，其实也在行使着明显的镇压功能，把丰富多彩的生命形态沉淀和凝练为概念的线索和体系。理性思考只是告诉我们在概念网络里的这一个概念指的是什么，但是无法直接揭示理性之外的、无概念的内容。这些内容可能是混沌的，没有经过概念之网的过滤，然而却可能更为真实，是活生生的生命过程本身。"其实，理智失败了，因为它首先的冲动是抽象，把沉思的对象与现实中的具体的总体性分隔开了。"② 在理性思考的世界之外，还有更为丰富的感性体验，而那些迷人的事物往往诉诸的是激情而不是用于理性思考的概念。"生命基于对世界的体验，而非抽象的

---

① ［德］哈贝马斯. 现代性的哲学话语［M］. 曹卫东，等译. 南京：译林出版社，2004：250-251.
② BATAILLE G. The Accursed Share: The History of Eroticism and Sovereignty［M］. HURLEY R, trans. New York: Zone Books, 1993: 112.

概念。"① 在巴塔耶看来，从头脑出发的意识形态化的观念，从基督教到理性，只是表明了经验的贫乏，从中我们只能衡量出生命的空洞。

比起概念，更重要的恰恰是生命本身的智慧和作为生命过程的活生生的经验。这种经验不会局限于理性思考中的一个点或由一些点构成的一条线，而是随着机缘不断拓展的境域。经验的流动不是由必然性的因果关系而连接的链条。它不依靠概念而放任内在，不追求确定而逍遥不羁，不持守凭据而抵达极端状态。就外在表现而言，它也不再追求如同概念推演那样清晰澄明，而是默然泯灭了真假善恶的差别；不再把话语作为指称事实的工具，而是用话语的耗费和挥霍去折射和捕捉言外之意。在这方面，甚至可以说，中国古代老庄智慧与西方的后现代哲学似乎也有许多不谋而合之处。正如德勒兹所说："哲学是形成和发明的艺术，是制造概念的艺术……来自东方的古老智慧也许靠形状思考，而哲学家发明和思考概念。"② 智慧不仅运用概念显现自身，也在没有概念的黑暗中展开可以被摸索和碰触到的形状。概念只是思考的混沌状态的结晶。与抽象理性倚重概念不同，经验试图通往没有概念或不受概念束缚的智慧。对于巴塔耶以及在其影响下的后现代哲学来说，理性已经无法把握生命的真实总体。"理性的至高无上，让位于'内在经验'的至高无上。"③ 此后，问题就不再是要确定一个永恒的、可靠的凭据，而是寻求打破这种确定的、清晰的、线性推理的思考路径，去追寻生命的可能分叉与境域的无尽展开。

---

① RICHMAN M. Georges Bataille [M]. London: Routledge, 1994: 130.
② DELLEUZE G, GUATTARI F. Qu'est-ce que la philosophie? [M]. Paris: Minuit, 1991: 8.
③ [法] 巴塔耶. 内在经验 [M]. 程小牧, 译. 北京: 生活·读书·新知三联书店, 2017: 12.

第三章 理性思辨与内在经验

巴塔耶对"内在经验"的探索，超出了理性及其背后的信仰。理性虽然有别于信仰，但是毕竟脱胎于宗教信仰，实质上也有赖于宗教信仰的支撑。巴塔耶的经验则避开了从头脑中寻找答案的路径，连同信仰和理性一起僭越了。在巴塔耶的描述中，这种经验是一种迷狂或陶醉状态，是相对于沉思而言的激情状态，是纯粹的、无羁的，甚至是本原性的。正如海德格尔关注"此在"一样，巴塔耶的内在经验关注的是"我所在之处"，是从"我"出发而认为人类与"我"同在的。巴塔耶不是要把经验引到一个预先设定的目标，而是要让"我"的经验无限制地自由通行。对于这种内在经验来说，宗教信仰恰恰是一种不恰当的限制。"经验什么也不启示，不能建立信仰，也不能从信仰出发。"① 在经验的领域，精神是在由焦虑（angoisse）和迷狂（extase）组成的奇异世界里运动的。它脱离了知识和理智，既不能说"我看见了这个，我所见的就是这样"，也不能说"我看见了上帝、万物的绝对或本质"，而只能说"我所见的脱离了理智"。对此，美国学者米歇尔·里奇曼（Michele H. Richman）认为："巴塔耶想象了一个超出柏拉图主义超验的'瞬间'，在这样的瞬间，由愿意睁开眼睛的意志决定了觉醒，而真相是在一种'没有启蒙的光辉'中被领会的。"② 这样的时刻是由神圣的激情而不是理性引领的，此时理性也已经无法与圣性区分开来了。可以说，能够打开内在经验的瞬间，恰恰是智力活动在内心悄悄中断的瞬间。在这样的瞬间，人们不再渴望救赎，不再朝向预设，而是以否定知识、语言和有限自我的方式，进入一种神圣的或诗意的领悟，复归一种

---

① ［法］巴塔耶. 内在经验［M］. 程小牧，译. 北京：生活·读书·新知三联书店，2017：26.
② RICHMAN M H. Richman. Reading Georges Bataille: Beyond the Gift［M］. Baltimore: The Johns Hopkins University Press, 1982: 102.

光辉的连续性。

内在经验与传统的经验概念有所不同。传统的经验概念认为,经验主要与认识相关,是认识形成的重要基础和材料来源,具有主观性;是伴随人的活动产生并在主观世界留下的印记,与过去相联系;是对已经发生的事情的记忆和积累,无关乎联系和连续性,也无关乎思想和推论。这是一种"感性知觉"意义上的经验概念。在巴塔耶的内在经验思想中,"非知"(non-savoir)则是重要原则。巴塔耶所说的"非知",在舍弃了知识的意义上类似于基督教徒们擅长的神秘体验的方法,但又并不完全等同于神秘体验,因为它摆脱了对忏悔的依附,摆脱了对上帝这一预设对象的领会。巴塔耶要做的,就是尝试把神秘体验所蕴含的可能性从其宗教背景中解放出来。于是,就出现了这样一种似乎自相矛盾的现象,即一方面要强调自己思想的无神论特征,另一方面又要借用基督教的神秘体验来表达自己。其原因或许在于,"对巴塔耶来说,基督教神秘主义的词汇,以一种折射的形式出现,相比于哲学语言来说,仍然是一种表达内在经验的含混意义的更好载体"[1]。在这个意义上,这种内在经验可以被理解成一种摆脱了神学框架的神秘体验。这种神秘体验显然不同于感性知觉意义上的经验。它不再是记忆残留的观念集合,而是变成了一个行动的空间。作为这种空间的经验具有内在的深度,不断抵达人性的边界,又不断僭越这种边界,从而形成了一个具有无限伸缩性的广阔范围。与连续性的联系则是经验的基本特质,从中也可以产生思想。欧洲哲学传统中的主客二元论在这里被消解了,不再抽象地谈论人类和自然、生活和历史,而是将具有内在性的经验过程视为生命活动的基本构成要素。生命的目的不再是产生像劳动产品这样的活动对

---

[1] HUSSEY A. The Inner Scar: The Mysticism of Georges Bataille [M]. Amsterdam: Editions Rodopi B. V., 2000: 53.

第三章　理性思辨与内在经验

象，被体验为内在经验的生命过程本身就是本质性的内容。

当然，巴塔耶事实上也在制造概念，正是这种被制造出来的概念描绘了关于经验的思想，甚至衍生出了新的经验。"内在经验""非知"等，都是巴塔耶用来开辟新的经验领域的凭据。经验不是被动出现的，而是不断地被创造出来的。概念是创造经验的重要浮标。经验与理性之间虽然有着明显的不同，但也并非截然割离的关系。一个概念既可以作为理性思考的工具，在概念体系内部勾连，也可以成为打开经验的一扇大门，展开为丰富多彩的经验过程。同样，经验也可以收缩成一个概念，而得到封存或指称。这种经验与概念的结合和融通，意味着哲学形态的改变。哲学不再是一种纯粹的概念体系，而是成为用概念标记的经验体系。衡量这种概念的标准，当然也不再是看它与外物的符合程度，以及自身的明晰、严谨程度，而是看它自己创生和变化的程度，看它能够把经验推进、拓展到什么样的边界。

巴塔耶的这种思想路径曾受到以让-保罗·萨特（Jean-Paul Sartre）为代表的存在主义的批评，"内在经验"也被批评为一种新的神秘主义。1943年，巴塔耶正式出版了《内在经验》一书，这本书与同年出版的萨特的《存在与虚无》相比，显得完全不合时宜。[1] 萨特对这本书的评论很尖刻，提出了很多指责，其中最关键的就是认为巴塔耶只是试图用新的词汇表达被上帝观念遮蔽的东西，却仍旧采取了传统神学的超越性视角，而创造了一种新的神秘主义。"对语言的厌恶，对当下的迷恋，以及作为这两者之根源并以反向的方式表露出来的'成为整全的欲望'，这便是萨特断言巴塔耶并非如其所宣称的那样是个无神者的三

---

[1] CONNOR P T. Georges Bataille and The Mysticism of Sin [M]. Baltimore: The Johns Hopkins University Press, 2000: 16.

大根据。"① 然而，仍然可以做出这样的理解，即巴塔耶的"圣性"并不意味着超越性的获得，而是对思想和语言进行无尽质问的结果。如果说传统的神秘主义还是一种积极的、模拟丰富情感的话语，那么，在巴塔耶这里，语言已经不再只是表达内容的工具，而是变成了不及物的符号。巴塔耶的内在经验是在耗尽人类知识和理智资源之后向着"空无"的接近，是不通向任何实证客体的。萨特显然没有意识到巴塔耶的内在经验与神秘主义的重要差别。概言之，巴塔耶与萨特代表了寻求圣性或绝对的两种不同路径，巴塔耶不像萨特那样借助语言的力量去引领行动、创造历史，而是在写作中进行着语言的自我消解与意识的内在批判。

内在经验思想否定了知识和语言等工具性手段的直接表达价值。巴塔耶明确指出："我更愿意考察本质性的东西，而不在方法问题上徘徊不前。"② 知识和语言，当作为传情达意、指示事物的工具或者为一定的外在目的服务的手段时，就必然只能在外围打转，无法作为"本质性的东西"存在，因此也就被巴塔耶舍弃了。内在经验的"非知"原则，本身就意味着对知识的否定和弃绝。在巴塔耶看来，知识不仅无能和贫乏，而且具有奴性。从知识论的立场来说，可以认为，借助知识无法认识活着的生命本身，无法认识超出了我们的存在结构的东西；从内在经验的立场来说，那些基于概念演绎而得到保存的凝固知识，只能把握外在的客观对象，无法把握鲜活的生命过程。正如巴塔耶所说："我

---

① 王春明. "内在体验"为何仍是一种神秘体验？——解析萨特对巴塔耶的批判及其无神论人本主义的内涵 [J]. 哲学动态，2016（8）：52.
② BATAILLE G. The Accursed Share: The History of Eroticism and Sovereignty [M]. HURLEY R, trans. Robert Hurley, New York: Zone Books, 1993: 201.

<<< 第三章　理性思辨与内在经验

活在感性的经验里而不是逻辑的解释里。"① 而且，更重要的还在于，知识本身是奴性的。巴塔耶认为："去认识就是去努力、去劳作；它总是一种奴性的工作，无尽地重启，无尽地重复。"② 知识在时间中展开，在话语中呈现，总是表现为一种为了一定目的而进行的有计划的努力。这种作为手段持续努力着的奴性，无法达到人类生存的自主性，因此必须被摒弃。巴塔耶说："没有知识的溶解，我们就不能达到知识的最终对象。这种知识的目的，是要把它的对象降低为被降服和管理的物的状况。知识的终极困难，如同耗费的终极困难。没人能既知道又不破坏，没人能既消耗财富又使它增长。"③ 我们一旦用知识去把握对象，也就同时破坏了对象，所能把握的只是事物的外表或影子；即使我们用诗歌来把握和表达，称之为情感的亲密或深刻，这对于生命的本身而言也是徒劳的。因此，对巴塔耶来说，只有消解了知识，才能让生命在"非知"的领域，也就是消解了知识的领域里充分绽放展开。

巴塔耶不仅消解了知识，也消解了语言。语言并不能把握内在经验，一方面，语言自身会露出破绽；另一方面，内在经验也会从语言的领界中溢出。巴塔耶寻求的是迷狂，这种迷狂是真正的沟通，而这一切是语言所不能涵盖的。如果我们局限于话语和告诫，无能地进行着纠缠于真理的争辩，那么真实的生活就会远离我们而去。在巴塔耶看来，人人共享的语言贫瘠而浅薄，说不出的内在经验则是珍贵的宝藏。我们应当消解语言，走向静默，走向内在运动。"静默作为句子，已经不是句

---

① BATAILLE G. L'expérience intérieure [M]. Paris: Editions Gallimard, 1954: 45.
② BATAILLE G. The Accursed Share: The History of Eroticism and Sovereignty [M]. HURLEY R, trans. Robert Hurley, New York: Zone Books, 1993: 202.
③ BATAILLE G. The Accursed Share: I consumption [M]. HURLEY R, trans. New York: Zone Books, 1991: 74.

子,呼吸作为客体,已经不是客体。"① 巴塔耶受印度文化影响,颇有归于空寂的意味。语言像思想与生命之间的一道屏障,使人无法进行鲜活、直接和充分的表达。在《内在经验》中,巴塔耶的语言在很大程度上并不是直接传达内容的工具。巴塔耶让词语自己毁灭自己,词语被随意地支配,以这种方式让语言说出语言之外的东西。这是悖谬性地让语言面对他者,以此来重新激活语言。真正的对象,是不能被知识和语言所把握的,而只能依靠生命本身的体验进行直接的沟通。巴塔耶最后所倚重的是生命自身的体验。这是巴塔耶消解了知识,甚至消解了理智思维和话语陈述之后所诉诸的途径。

日本东京大学的汤浅博雄教授指出:"巴塔耶要阐述的最本质的部分,是'我'无论如何无法将其对象化加以捕捉、不可能客观地加以认识的领域,是完全超出'我'能够明确划分、表达的领域的层面。也就是说,因为这是一个'我'不可能通过将其表象化穷尽认识的层面,是惟有通过'在其中深深地活着'才能迫近其真实的层面。"② 这种"在其中深深地活着",指的就是内在经验。内在经验不同于传统意义上的哲学,因为传统的哲学只是对生命过程的残存痕迹或生命运动的沉淀物的反思与陈述而已。"内在经验与哲学的原则性区别在于:在体验中没有什么是被陈述的,被陈述的东西如果不止是手段,那也是如同手段一样的一种障碍;重要的不再是关于风的陈述,而是风本身。"③ 显然,巴塔耶超越了知识、语言等作为手段或障碍的东西,而他借助于内在经验想要尝试把握的,正是人的生存本身。

---

① BATAILLE G. L' expérience intérieure [M]. Paris: Editions Gallimard, 1954: 29.
② [日]汤浅博雄. 巴塔耶:消尽 [M]. 赵汉英,译. 石家庄:河北教育出版社,2001: 3.
③ BATAILLE G. L' expérience intérieure [M]. Paris: Editions Gallimard, 1954: 25.

<<< 第三章 理性思辨与内在经验

内在经验思想涉及的核心问题，是对自我确定性的消解。巴塔耶对于人的生存的把握并不是在使之更加清晰、坚固，而是在关注生命经验的流动及其对既定边界的逾越，这突出表现在他的作品频繁地出现了对传统自我观念的消解。汤浅博雄曾说，一直使他最为不解、好奇和关注的，就是巴塔耶对于"我"的确定性的质疑。人们总以为"我"是本来固有的我，我不会成为我以外的东西，"但是，巴塔耶却重新追问这个'我'，他给'主观=主体'的确定性打上了一个问号。他写道：我作为'我'而存在是可靠的吗？这值得怀疑"①。这种对"我"的确定性的质疑，经由内在经验的探索而深刻改变了"我"的观念，它从根本上动摇了人的生存根基。人类自我是从自然中脱身而出的，而在精神发展的"人性"阶段，作为理性主体和生产者的人类自我成为主导形态。正是这种主导形态，深刻地塑造了现代人的自我观念。正是这个"我"，在进行着理性的思考和财富的运作，在追求成功和幸福。然而，对于人的存在而言，这种理智的世界其实是相当有限的，而当打破了理智的界限之后，"我觉得存在的总体（宇宙）吞噬了我（的肉体），如果它吞噬了我，或者由于它吞噬了我，我不再能从中分辨出自己；什么都不存在了，除了这与那，比这什么也没有更无意义。在一定意义上，这令人无法承受，我似乎要死去了。无疑，正是以此为代价，我不再是我，而是自失于其中的无限……"② 而在消解自我向无限回归的进程中，"痛苦"是一种主要的经验。在《内在经验》中，主要篇幅都与"痛苦"相关。而关于"痛苦"，巴塔耶说："去面对不可能性——过度

---

① ［日］汤浅博雄. 巴塔耶：消尽［M］. 赵汉英，译. 石家庄：河北教育出版社，2001：369-370.

② BATAILLE G. The Accursed Share: The History of Eroticism and Sovereignty [M]. HURLEY R, trans. Robert Hurley, New York: Zone Books, 1993: 115.

的、不容置疑的——当在我看来再也没有什么是可能产生神性体验的，这就类似于痛苦。"① 痛苦就是直面"不可能性"的体验，就是在失去了神性（divin）及其信仰之后，在失去了自我的确定性之后，沉入存在的黑夜，成为无法认知的"空无"的体验。这种"痛苦"的内心体验，是行动及其所依赖的谋划以及投入谋划的存在方式的话语性思考的对立面。显然，巴塔耶的"痛苦"，是对行动、对理性、对话语的取消，更是对谋划及其所包含的时间性的反对。

首先，"痛苦"批判了救赎观念。基督教的救赎观念以禁欲和苦行压制了人类生存中的即时性活动。巴塔耶指出："救赎是使色情（身体的酒神式耗费）与对无延迟的生存的怀旧分离开来的唯一手段。"② 巴塔耶寻求的正是无延迟的生存，寻求短暂易逝的兴奋与陶醉体验。相对于谋划，巴塔耶的时间是欲望的时间，是孩子气的时间，它没有成年人的深谋远虑，而只有欲望的即时满足。

其次，"痛苦"批判了对和谐的关切。实现和谐的是谋划中的人，他获得了平静，消除了对欲望的孩子气的不耐心。和谐抛开了那种流动的、转瞬即逝的时间，它所倚重的原则就是复制，通过复制将所有的可能性凝固成永恒。复制就是对流动的时间的模仿，把片段从时间之流中截取出来，在此基础上创造出凝固的时间，进而创造出可以保存之物。艺术借用了这种复制，而复制的对象就是欲望。这使人们能够在艺术中看到欲望，但这并非欲望的真实满足，而只是欲望的再现。由此看来，艺术作为谋划的补充，并不能带来真正的解放。

最后，"痛苦"指向一种独特的狂喜。能够带来解放的，只有非知以及与之相联的狂喜。如果能够出离自我，如果自我（ipse）放弃了自

---

① BATAILLE G. L'expérience intérieure [M]. Paris: Editions Gallimard, 1954: 45.
② BATAILLE G. L'expérience intérieure [M]. Paris: Editions Gallimard, 1954: 60.

我和对自身的知识，转向非知，痛苦就会变成狂喜，而要脱离谋划的牢狱，"出路就是狂喜"。① 在狂喜中，不再存在客体，主体也不再意识到自己，主体、客体都溶解了，就连这被写作的"话语"，作为巴塔耶用以逃离谋划的谋划，也只是他与分享痛苦的"他者"之间的联系而已，而他最终将作为那"最后的人"，"掐死自己"。② 这种狂喜，作为脱离谋划的出路，最终将通向至高性或自主性的瞬间。

三、生存的不可能性与自主性

内在经验的路径最终通向生存的不断越界拓展和自主性的复归。巴塔耶的好友米歇尔·莱里斯（Michel Leiris）曾回忆说：巴塔耶一生始终在寻求生存的不可能性，因为他确信只有在不可能性中才能发现人的真正存在。③ 这种寻求既是在人类生存的极限处向着人类现成的可能性之外即"不可能性"的无尽开拓，也是在诠释更加真实完整的人类自我，从而对人的生存方式及其价值做出新的探索。

生存的不可能性，意味着突破既成自我而不断拓展。巴塔耶说："我把经验视为通向人类可能性的尽头的旅行。"④ 这种旅行是一个动态的过程，始终朝向人类生存境域的边界。这个边界，用巴塔耶的话来表述，就是人类"可能性的极限"。具体说来，这种可能性的极限是指什么呢？"从定义上说，可能性的极限是这样一个点，在那里，尽管对于存在中的他，即人来说，那是一个不明智的位置，但他仍然抛开了自己的诱惑和惧怕，继续向前行进到那么远，以至于人们想象不出再向前行

---

① BATAILLE G. L'expérience intérieure [M]. Paris: Editions Gallimard, 1954: 73.
② BATAILLE G. L'expérience intérieure [M]. Paris: Editions Gallimard, 1954: 76.
③ 高宣扬. 后现代论 [M]. 北京：中国人民大学出版社，2005: 186.
④ BATAILLE G. L'expérience intérieure [M]. Paris: Editions Gallimard, 1954: 19.

的可能性。"① 可能性的极限，就是可能性与不可能性的分界点或交接点。换言之，到达了可能性的极限，就是开始直面"不可能性"。可能性的极限的说法，意味着仍然需要遵循现成人类自我的法则，仍然要借助谋划、理性、语言等，达到其自身的尽头。因此，巴塔耶说，与社会生活领域中直接给出外在的异质性因素不同，"内在经验的原理：就是通过谋划逃出谋划的领域"；"没有理性的支撑，我们就无法达到'暗夜的炽热'"②。简言之，这是一条内部突破的路径。所以，巴塔耶虽然批判谋划、理性和语言，却仍然在思考，在写作，在讲述他的观点，在展示他的思想实验。巴塔耶以这种方式勾勒了一条从自我出发而通达自我之外的路线，可能性的极限或"不可能性"就意味着从自我中走出来的临界点。

可能性的极限无法确切地到达。对巴塔耶来说，他只能反复触及极限，并且因此而永远无法确信自己曾经获得过它。他的思想和文本所表达的，就是对于人类可能性的极限反复触及的过程及其体验。"在我自身存在的逐渐消失的极限处，我已经死了，'我'就在这死亡的生成状态中对活着的人述说，述说死亡，述说极限。"③ 作为与自己的对照，他认为黑格尔也曾触及了极限，但是在触及了极限之后黑格尔又逃离了，制定体系就是他逃离的方式。巴塔耶那种立于无意义之境的"祈祷"也在黑格尔那里熄灭了，留下来的只有"一把铲柄，一个现代人"。黑格尔最终没能走出既成的人类自我，而是通过回忆曾瞥见的深渊消除了它，他所构建的体系就是这种消除的痕迹。当代存在主义者也是如此，他们分别以不同的方式将极限凝结起来。其中，克尔凯郭尔是

---

① BATAILLE G. L'expérience intérieure [M]. Paris: Editions Gallimard, 1954: 52.
② BATAILLE G. L'expérience intérieure [M]. Paris: Editions Gallimard, 1954: 60.
③ BATAILLE G. L'expérience intérieure [M]. Paris: Editions Gallimard, 1954: 58.

基督教的极限，写作了《地下室手记》的陀思妥耶夫斯基（Fyodor Mikhailovich Dostoevsky）是羞耻的极限。① 总之，现代人在救赎中获得快乐，而背叛了真正的极限。

到达人类可能性的极限，就是要去直面"不可能性"。这种不可能性，作为生命的敞开状态，是不应该被凝结或掩盖的。它作为人类生存方式向着未知"黑夜"的无畏拓展，正是意味着生命的饱满、充盈和永不停滞的状态。它在"痛苦"中冲破自身的有限性，而这种有限性一旦被冲破，存在也就无法确定自身，从而不复为存在。在这里，我们能做的，只能是去体验绽放在存在边缘的眩晕。

作为一个动态的过程，人的生存状态就体现为"机缘"（chance）。巴塔耶说："在法语中，chance 与 échéance（到期、报应等）有共同的词源（拉丁文 cadentia）。chance 到来了，意思就是，它果然是这种情况，或者它就是落下、降临（像好运或霉运，从起源上说），它就是骰子落下时的随机性。"② 从巴塔耶的这段话看，机缘强调了因缘际会的偶然性。或许，在巴塔耶那里，掷骰子的赌博游戏（mise en jeu）是真实反映人的生存状态的原型活动。人的生存，作为意志对于自身的回应，悬于未知黑夜的空无之中。它所面临的对象，就是充满未知可能性的、随机发生的机缘。这种情况下，人的生存状态不是思虑的，而是迷狂的。思虑只能破坏机缘，把握无生命的残渣而无法作为生命本身行进。迷狂则意味着生命的充沛与洋溢，作为生命本身向着可能性的极限之外突破和展开。随机性的未来与生命的体验迎面而来，来不及思索就又已经消失，就像永不停歇的骰子的滚动。显然，机缘绝不是外在的、客观的随

---

① BATAILLE G. L'expérience intérieure [M]. Paris：Editions Gallimard, 1954：56.
② BOTTING F, WILSON S. The Bataille Reader [M]. Oxford：Blackwell Publishers, 1997：95.

机性，而是生命本身的不断展开的、活生生的状态。对巴塔耶来说，掷骰子的赌博不只是遵守既定规则的输赢游戏，而是向着未知黑夜的探索，由此呈现的机缘，使存在不复为存在，而是向着存在之外的展开。

"交流"（communication）是机缘的另一种表达。在机缘中，人把自己当作"赌注"，舍弃自己而投入充满未知的境遇，投入与他人的共同活动中去，这样所发生的事情本身就是交流。因此，交流是在可能性的极限处的存在方式。它从封闭性中逃出，相对于本体论意义上的完整主体，它可以在一种"包含了超出了它所能包含的内容"的非连续性中得到理解。① 传统意义上的主体的完整性，是自我孤立的完整性；巴塔耶所说的非连续性，则是相对于自然的连续性而言的，揭示出人类世俗世界从自然的连续性中脱身而出，并因而要求突破这种自我孤立的完整性向着连续性复归。在这一过程中，非连续性自身的边界变得模糊，它要包含异质于自身的、自己所不能包含的内容，即连续性，并因此呈现出非连续性与连续性的交流。

关于人类自我消解之后的去向，巴塔耶使用过黑夜、空无等多种表述，而事实上这就是向着连续性的回归。借用中国古人的表述，就是在"吾忘我"之后，达到"物我齐一"之境。在题为《不可能》（L'Impossible）的一段诗里，巴塔耶曾写道："我是棺材的空／和不在的自我／在普遍的整体中。"② 在这里，自我已经消解，融于存在论意义上的普遍。这是一种作为囊括了各种有限分断的、浑然一体的连续性的普遍。事实上，对于巴塔耶来说，人的存在已经不是简单的粒子固守于自

---

① BOLDT-IRONS L A. On Bataille: Critical Essays [M]. Albany: State University of New York Press, 1995: 213.
② BOTTING F, WILSON S. The Bataille Reader [M]. Oxford: Blackwell Publishers, 1997: 106.

第三章　理性思辨与内在经验

身,甚至不只是不受束缚的内在和外在的多重流动的交汇,而是作为这些流动本身的组成部分存在着。"生活对你来说不仅是汇聚于你的光的易逝的流动或游戏,也是光或热从一个存在过渡到另一个存在,从你到你的同类或从你的同类到你(甚至在你阅读我而被我的狂热蔓延所感染的瞬间):话语、书籍、纪念碑、符号、发笑,都一样是感染、过渡的路径。"① 因此,在事物的洪流中,人不是一个激起四溅的浪花的僵硬石块,人就是洪流本身。随着传统意义上的主体回归到连续性之中,也将不再有"我"与"他者"的分别。"在经验中,不再有存在的界限。一个人不再将自己从他者中区分出来:他将自我丧失于他者的洪流中。"② 作为内在经验的原则,"非知"是交流的基本方式。"非知就是裸露(dénude)","裸露了我才能看到知识所掩盖的东西,但是我看到了,我也就知道了。确实,我知道,但是非知又把我知道的裸露了"。③ 正是在这种不断看到又不断裸露的过程中,真正静默的、深刻的交流最终得以实现。

巴塔耶内在经验思想的最终目的,是复归生存的自主性。这种自主性,从领域上来说与主观性相关。巴塔耶曾说:"自主性从来不是真正客观的,而是与深层的主观性相关。"④ 自主性是一种主观的心灵状态,这种状态不是一个人作为主体与其他作为臣仆的人联系从而形成一种主权制度,而是主体与主体的感性的、情感的接触。他们以笑、泪和节日的喧闹来进行交流,而从来不是话语性知识的对象。只有理解了这种主

---

① BATAILLE G. L'expérience intérieure [M]. Paris: Editions Gallimard, 1954: 111.
② BATAILLE G. L'expérience intérieure [M]. Paris: Editions Gallimard, 1954: 40.
③ BATAILLE G. L'expérience intérieure [M]. Paris: Editions Gallimard, 1954: 66.
④ BATAILLE G. The Accursed Share: The History of Eroticism and Sovereignty [M]. HURLEY R, trans. New York: Zone Books, 1993: 237.

观性，才能理解巴塔耶所说的主体的意义及其与自主性的关联。巴塔耶曾以"海滩景象"为例阐述自己的独特理解：在明月照耀的夜晚，海风轻抚，波浪阵阵，万物浑然一体，就其本然而言，我是陶然忘我的，唯有当我要思考时，我才被从这种景象中抽身出来。[①] 那种本然状态，是比思想、比对于客观内容的把握更为根本的东西。在巴塔耶看来，相对于基督教的神学和共产主义的人学而言，尼采能够给我们的启示之一就是，没有任何可以从物、从客体、从对象得来的自主性。自主性只能是主观性的，强调这一点，就是要使这种主观性彰显出来，使主体从客观性的误区中解脱出来，而这种自由的、解脱的主体，才有可能是真正自主性的。但是，强调主观性并不意味着坚持主体的地位；实体性的主体概念，其实仍然是主观性被客观化了的表现。因此，要拒绝陷入这种主体概念，而坚持更为彻底的主观性原则。这种主观性，具体说来，是思想和语言所出发的地方，是在浑然一体中抽身出来的勉强之思的起点。"人是思想（语言），他只有通过自主性的思想，成为自主性的。"[②] 这不仅是对人的生存的智识起点的标明，对其以思想和语言为存在方式的有限性的承认，而且为超越这种生存方式的有限性并使之向着连续性回归奠定了基础。

自主性意味着传统意义上的主体与客体的消融，及其向连续性的回归。巴塔耶曾说："自主性思想考虑不被当作物或对象把握的自主性的时刻，以及与古代的至尊性相对立的时刻。自主性思想，在尼采著作中

---

① BATAILLE G. The Accursed Share: The History of Eroticism and Sovereignty [M]. HURLEY R, trans. New York: Zone Books, 1993: 378.
② BATAILLE G. The Accursed Share: The History of Eroticism and Sovereignty [M]. HURLEY R, trans. New York: Zone Books, 1993: 381.

首次得到表达，他设想了从物的世界（客观活动）和从主体的完全的脱离。它包含两个方面：一是主体的解脱；二是客体的解脱，从而与之相联的主体能真正解脱。"① 所谓主体的解脱（free），意味着之前的被知识和语言宰制的主体不复存在。所谓客体的解脱，是指那些外在于主体、与主体相对立、作为有待被知识把握的对象的客体不复存在。客体消解之后，主体才能真正消解，两者其实是一体的、同步的。此时，主观性作为一种视角和领域取代了主体的位置，自主性成为对这种主观性的标识。因而，我们所要阐明的人类生存的自主性，事实上就不再是"作为主体的人类"的自主性，而是充满内在张力的"作为整体的人类"的自主性。这种自主性，不再设定外物并向它屈服，而是自身为其自身存在的凭据。主体和客体消解之后，就是向着连续性的回归。这种连续性，不是主体之外的连续性，而是作为主观性之基础的、作为本然状态的连续性。在这种连续性中，没有"我"，没有物，没有语言，没有时间，而只有生命的活的体验本身。自主性的主观性仍然与宇宙、与总体相联系，而且，这种联系不必再像封建社会那样以集中于至尊的"王"的方式表达出来。如果我们再以"海滩景象"的例子来加以说明，那就是任自己沉浸于月光、微风、海浪、沙滩共同组成的美景中，陶然忘我，无思无言，放弃那种有所"觉醒"的反身思考，放弃对这种美景进行描述和表述的尝试，不再从浑然一体的美景中抽离，只是活在此刻，享受此刻，只有此刻。或许，这是只有诗意而无诗的时刻，是真正体现自主性的时刻。此时，正如巴塔耶在探讨对禁忌的违犯时所描

---

① BATAILLE G. The Accursed Share: The History of Eroticism and Sovereignty [M]. HURLEY R, trans. New York: Zone Books, 1993: 428.

述的体验："我不再是我，而是自失于其中的无限。"① 这时，我们已消解了那限定和形成自我的有限性，更谈不上从事占有和谋划，这是生命经验所最终达到的时刻或境界。

这种连续性，同时又是"空无"。当我们说到连续性时，我们仍然可能在将它作为一个客体、对象或物来把握，为了避免这最后的误解，巴塔耶反复提到"自主权是空无"的论断。他曾明确地说："我是空无，这种对断言的模仿是自主性的主观性最后的话，它使自己从屈从于物的领域解放出来。"② 应当注意到，"我是空无"或"自主性是空无"这样的话是一种"模仿"。换言之，这个句式仍然在把一个不能作为客体或对象来把握的东西勉强当作一个客体或对象来讲述。然而，"空无"无疑是一个十分独特的词，这个近乎无所指的词使我们有可能去领悟在词语尽头的领域。至少，它标明了客体、对象的无效。"自主性是空无"，正是以一种陈述客体的方式，陈述了客体之外的东西。至此，我们也就不难明白巴塔耶曾说过的那句话："自主权是空无，我努力要说的是，把它作为一个物是多么笨拙（却又不可避免）。"③ 可以说，巴塔耶的写作的确是一种语言的耗费，是用语言消解语言自身，并以此来指示出语言所"不可能"指示的东西。而从思想的内容上来说，巴塔耶所关注的也正是这种不可能性，也就是在界限之外的维度。

作为人类生存的基本境遇，巴塔耶正是在与物打交道中看到了自主

---

① BATAILLE G. The Accursed Share: The History of Eroticism and Sovereignty [M]. HURLEY R, trans. New York: Zone Books, 1993: 115.
② BATAILLE G. The Accursed Share: The History of Eroticism and Sovereignty [M]. HURLEY R, trans. New York: Zone Books, 1993: 421.
③ BATAILLE G. The Accursed Share: The History of Eroticism and Sovereignty [M]. HURLEY R, trans. New York: Zone Books, 1993: 256.

>>> 第三章 理性思辨与内在经验

性最直接和最基本的体现。哈贝马斯在谈到巴塔耶的耗费思想时曾准确地指出:"这是一种非生产性的消费形式,从单个商品占有者的经济视角来看,它是一种损失,但它同时能够实现和证明人的自主权以及人的本真存在。"[①] 显然,在对物的慨然挥斥和对有用性的超越中,人失去的是片面化的、奴性的生存,而获得的却是自身完整而本真的存在。就自主性本身而言,它不是一个客体或对象,而是一种境界。"空无"意味着无物无我,它消解了作为有限主体的"我"的观念,也消解了与这种"我"相对应的、作为征服和占有对象的"物";"空无"也意味着无思无言,它超越了理性之思,而诉诸向着自然整体回归的生命本身。它用语言消解语言,以此来表达语言的界限之外的内容。这种无物无我、无思无言的境界,正是自主性的"空无"含义对于西方现代性的"解毒",也是对于从物性中解脱出来了的人自身的生存方式的思考与探索。对于这种自主性的追求,揭示着人类的本真性生存的基本趋向。它不仅在资本主义和社会主义的时代有意义,就是在进入共产主义后的时代也会有意义。正如巴塔耶在讨论"大革命"时指出的:人类在平等之后并非不再需要自主性,这种自主性与资产阶级那种对物的奴性相对立,"自主性是每个人的条件,既非时代错置的也非无关紧要的"[②]。因此,自主性已经不再是对前现代社会的价值观念的简单怀旧,而是对人类本真存在的开拓与追求。相应地,其中所包含的人与物的关系问题和人自身的生存方式问题,作为我们领会自身生存的一个直接的

---

① [德] 哈贝马斯. 现代性的哲学话语 [M]. 曹卫东,等译. 南京: 译林出版社, 2004: 261.
② BATAILLE G. The Accursed Share: The History of Eroticism and Sovereignty [M]. HURLEY R, trans. New York: Zone Books, 1993: 282.

着眼点,也成为比进行具体的制度性设计更为基本的一个问题。它有可能影响我们每个人对自己的生活方式和生命意义的理解,并使我们有机会去寻求比维持生计和实现自我更为根本、更为彻底的目的。

第四章

后现代哲学的偏失与价值

后现代哲学在思维范式和理论路径上做出了重要转换，这种转换造就了哲学思想发展史上一个异彩纷呈的不同阶段。正是借助于异质学和内在经验，巴塔耶哲学思想以及之后的后现代哲学思想得以形成截然不同的哲学形态，从而能够与现代哲学分庭抗礼。不仅如此，后现代哲学以及后马克思主义思想中的一些重要观点，也可以从异质学和内在经验的角度进行令人豁然开朗的解读。例如，后马克思主义一贯重视偶然性，然而，如果没有异质性作为支撑，偶然性就是不可能存在的。在传统的逻辑内在论的视域中，占主导地位的是关于历史必然规律的观念，偶然性往往只是必然性贯穿其中并借以体现自身的一个环节。而从异质学出发，历史就不能仅仅被理解为关于必然规律的历史，而更应该是关于偶然事件的历史。这种偶然性具有其独立自存的意义，尽管可以在遭遇中被接受或在叙事中被编排，却不可以被内在逻辑或外在规律所掩盖。可以说，异质学、内在经验等思想，不仅是区别后现代哲学与现代哲学，区别后马克思主义与传统马克思主义的分界线，也是理解和把握后现代哲学以及后马克思主义思想内容的关节点。

在这种思维范式与理论路径的转换过程中，巴塔耶的后现代哲学思想可以说发挥了突出的、始源性的作用。前文从巴塔耶的哲学思想入手，对于从总体上把握后现代哲学思想的核心内涵进行了粗浅尝试。以此为基础进行进一步思考，还要求展开较为全面的分析评价，提炼出立足当代中国社会发展实际的有益启示。

一、后现代哲学的问题意识

后现代哲学之所以没有延续现代哲学，而在思维范式与理论路径上进行了深刻转换，一个重要原因就在于后现代哲学具有不同于以往哲学的问题意识。相比于传统哲学和现代哲学，后现代哲学所关心的问题已经发生了变化，既不是寻找让人有所信赖和依靠的生存境域或精神支撑，也不是高扬人自身的理性及主体地位，而是面向不确定的未来和生存可能性的边界进行无尽探索。

传统哲学关注人与外在世界的关系，崇尚能够为人的生存提供支撑的精神存在。如果以时间线索进行粗略划分的话，中国传统哲学大体上是指秦汉以后到19世纪中叶鸦片战争以前占统治地位的哲学，西方传统哲学则是指公元前5世纪古希腊苏格拉底、柏拉图时代到19世纪中叶以前的哲学。中国传统哲学起着为大一统的帝国从精神上做出论证的作用，西方传统哲学则为宗教信仰和上帝崇拜奠定了思想根源。一方面，中西方传统哲学固然是有分别的。"如果说西方传统哲学是由于人的自我欠缺感而向往超验世界的一曲赞歌，那么，中国传统哲学就可以说是由于人性的自满自足而享受世界的一首朦胧诗。"[1] 另一方面，虽然在中国传统哲学和西方传统哲学之间有"一体"与"两离"、"境界"与"真理"的分别，传统中国人的精神世界是"天人合一"，强调人生的境界，西方人重视超验的永恒存在，追求彼岸的真理，但是，两

---

[1] 张世英.境界与文化：成人之道［M］.北京：人民出版社，2007：263.

者都是要让自我有所信赖和依归的。天人合一、万物一体的生存境域或超越于时间之外的、超验的抽象概念，都在构成传统哲学的本体世界，都为人的生存提供了精神依托。

现代哲学把重心放到了人自身之上，基于自身确立生存的根据并找到前进的动力。中国步入现代历史是以1840年鸦片战争作为起点的。当封闭没落、陶醉于天朝迷梦的帝国乍然惊醒，遭遇的是已崛起百年之久、挟坚船利炮而来的强势西方文化。中国的有识之士由此开始主张学习西方以改造中华，先是学习器物，继而学习制度，进而学习文化；先是变法时代细枝末节的改变，随后演进到革命时代的根本改变。中国迈入现代阶段，是在与西方遭遇之后被带入的，是继发性的，而西方进入现代阶段则是原发性的。黑死病的肆虐、教会的衰落、印刷术的传播等因素叠加起来，使曾在漫长中世纪统治西方的神学思想的地位发生了动摇。文艺复兴和启蒙运动为西方走向现代鸣锣开道，推动从思想到制度到器物的变化，使整个西方社会深刻蜕变而气象更新。其中，笛卡儿、洛克、休谟、康德等哲学家，纷纷挑战神学启示的地位而高扬理性，推动了人性的解放和人的主体地位的张扬，把精神文化的重心从神转到了人、从天国转到了尘世、从宗教转到了世俗。现代性的内核是理性及主体性，根本价值是自由，历史表现则是瓦解迷信的祛魅过程。在现代社会，人成为认识和实践的主体，成为自己历史的书写者，成为自己的立法者。

从传统到现代是具有很大进步性的一种过渡，但是，现代性本身也有其局限性。这突出地表现在，那些用以取代中世纪旧概念的新概念，在现代又成了新的权威。"理性"成为新的神话和权力之源，"主体性"导致人的自我中心以及对外部世界的征服掠夺，而科学技术的发展既增进了人的自由、促进了生产力迸发，也架空和统治了人的生存，现代文化在使传统道德受到冲击之后，也助长了与资本增殖逻辑相契合的消费主义和享乐主义。大卫·格里芬说："现代范式的一个灾难性特征是，它使得强制性的力量成了一切变化的基础。"[①] 宏大的设计、无节制的社会工程、威力巨大的技术运用、从宏观上对大自然做出的改变等，所有这些都是现代性在不断地向着极致发展的过程中产生的后果。那些具有良好意愿的宏伟愿景，被多种强制力量不顾一切地向前推行，但其后果却往往超出了所有人的预料。在现代性中孕育的这种清晰化、简单化的设计，虽然能够在改造世界的过程中发挥强有力的作用，甚至在操纵资源和人力方面体现出独特的优势，但不可否认的是，它也为那些最终危害自然以及社会自身的谋划提供了基础。相对于现代性的运行逻辑，后现代哲学更加赞赏去中心化的、没有等级的社会秩序和普遍联系、相互密切的关系。

后现代哲学反映了对现代性局限的自觉拒绝，并在超越现代性的同时对其中蕴含的理性、主体、总体性等根本范畴进行了反思。同一性原则，是蕴含于理性之中的一条重要法则。个体的自我持存与自我实现，社会发展在均质化基础上追求量的增长和在宏大的规划下进行理想化建造，国际秩序领域具有悖论性质的霸权式安全和中心化的等级差序格局，等等，都是这种同一性原则的外在表现。它牺牲了对事物的复杂性、多样性、特异性的重视，也遗忘了在未可完全预知的世界变化面前的谦卑态度，而这些在现代之前的传统中是有所存留的。这种同一性原则，激发和聚集了蕴藏于人类生命中的澎湃能量，既让社会发展在世界历史和物质生产的尺度上取得了巨大的成就，也使人以片面化的样式生存而感到身处牢笼。后现代哲学有意疏离并冷静审视着日新月异的现代

[①] [美] 格里芬. 后现代精神 [M]. 王成兵，译. 北京：中央编译出版社，1998：215.

化成就，进而对现代性进行深刻的反思。"这种反思希望能够废弃理性所产生的等级制和统一化，转而强调从本质上来讲不固定的、变化的条件的自发性。"① 于是，批判理性以及由理性衍生的公式和秩序，阐发更具有活力的生命自身的生成过程及内在经验，就成为后现代哲学的重要内容。正如与巴塔耶大致同时代的德国哲学家阿多诺所说："在哲学中我们试图沉浸于那些与其不同的事物当中，同时不将这些事物置于预先构置好的范畴中。"② 后现代哲学挑战同一性而关注异质性，从稳定自足的主体逃逸而探索无尽的生成变化，这样就从根基和形式上对现代哲学进行了批判性的超越。

后现代哲学关心的主要问题不再是如何确立根据，使主体得以驾驭自身以及整个世界，而是如何不断生成，反抗僵化逻辑和既定秩序，从形式化的、笼罩着社会和人心的约束力中逃逸，进而在更具活力的边缘地带持续探索。对于那些从笛卡儿到黑格尔的臻于鼎盛的哲学观念，后现代哲学总会试图与之区别开来，甚至将其作为需要超越的对象加以批判。当然，正如后现代性是现代性的接续性发展和彻底化推进一样，后现代哲学与现代哲学也并非截然二分。杰拉德·德兰蒂（Gerard Delanty）认为："后现代性可以看作是对现代性之前即已出现的一个问题的增强了的意识。通过弱化现代性与启蒙运动的等同，有效地把它投射回历史之中，我希望也削弱了后现代主义者所谓的与现代性的断裂。"③ 不过，历史长河毕竟是在曲回转折中蜿蜒向前的。伴随着对现代哲学局限的清醒意识，在后现代哲学的论域中，哲学的任务不再

---

① 吴静. 现代之后的沉思[M]. 上海：上海三联书店，2022：19.
② [德] 阿多诺. 否定的辩证法[M]. 张峰，译. 重庆：重庆出版社，1993：13.
③ [英] 德兰蒂. 现代性与后现代性：知识、权利与自我[M]. 李瑞华，译. 北京：商务印书馆，2012：6.

是从有限中寻求无限、从历史中寻求永恒、从特殊中寻求普遍,也不再追求矛盾的统一,而往往是进行概念的游戏。在这个意义上,哲学可以被视为关于如何形成、发明和构造概念的艺术。它不只是推理、思辨的行为,更是一种寄情于概念、领悟存在的创造性活动。如果说现代哲学关注知识的起源和条件,试图建构严谨的、一体化的概念体系,那么,后现代哲学关注的则是哲学可以扎根其中或附丽其上的生活本身。研究概念的生成及其条件,揭示无尽延展变化的新的思想维度,呈现生命本身的活力和流动性,这是后现代哲学在现代哲学的经典思想体系基础之上做出的进一步反思与开拓。

巴塔耶的哲学思想对于后现代哲学思潮的兴起产生了深远影响,在推动向后现代哲学转换的过程中起到了撬动关节点、探索新路径的作用。巴塔耶"以锤炼反哲学为己任",以对内在经验和异质学进行新的思想探索,质疑了现代以来人们习以为常的话语和观念。[①] 巴塔耶不是学院派的哲学家,其工作经历主要涉及宗教神学、图书管理、文学创作、社会活动等繁杂领域,较少受到学科体制的束缚。这为他尽管一度不受学术界欢迎,但是仍能另辟蹊径地提出原创性思想,提供了便利条件。在思想酵素方面,巴塔耶不仅深受黑格尔、尼采、马克思等哲学巨擘影响,而且广泛地吸收了萨德文学、法国社会学和人类学、弗洛伊德精神分析理论、遥远的印度文化等方面的思想资源。这为他从思想上走出欧洲主流文化、挣脱西方哲学传统的束缚,奠定了宽广视野和学识基础。巴塔耶尝试对资本主义社会乃至基督教文明做出深层次的反思和抗拒,常常被视为后现代思想的先驱,甚至是"反理性主义哲学的领袖"或"后现代主义之父"等。尽管巴塔耶在哲学史上的地位并不突出,

---

① [日]汤浅博雄. 巴塔耶:消尽 [M]. 赵汉英,译. 石家庄:河北教育出版社,2001:5.

但作为后现代哲学思想滥觞阶段的代表性个案，我们仍能从其具有创造性的思想中获得关于后现代哲学的重要洞察。通过前文以巴塔耶哲学为依托进行考察，我们对后现代哲学思想的理论内涵尤其是其独特的范式与路径已经有了初步的把握。后现代哲学的理论缺陷和精神价值，也在这个过程中得到了一定程度的呈现。

二、后现代哲学的理论缺陷

考察后现代哲学在思维范式和理论路径上相对于现代哲学的转换，主要是尝试进行哲学思想史的梳理，增进对后现代哲学以及现代性演进的认识和理解。至于对后现代哲学进行评价，则因限于视野和论域，这里的阐述只能是管中窥豹的而非全面的。应当指出的是，从辩证法到异质学、从理性思辨到内在经验，这种新颖而深刻的思维转变，未必具有充足的根据，其理论后果也并不能令人完全赞同。概言之，从对巴塔耶哲学思想的考察中可以观察到，后现代哲学有着严谨性较弱、自洽性缺乏、建设性不足等一系列理论缺陷。

首先，后现代哲学的思想来源往往是多种要素的综合或杂糅。后现代哲学思想观点的生成，是建立在对以往哲学观点的总结和反思基础上的。虽然后现代哲学中包含了不少新锐话语和新颖见解，但在其思想内容中往往不难发现现代哲学和传统哲学的踪迹。甚至可以说，这些思想内容在很大程度上是对过去一些重要哲学思想的颠倒改造和混搭发酵。以巴塔耶的思想为例，支撑巴塔耶后现代哲学思想的思想资源多种多样，其中主要的是人类学的考察加上精神分析式的描述。巴塔耶对人性和人的精神运动的描述，在其思想形成和展开过程中占有至为关键的地位。然而，支撑这一描述的人类学和精神分析学这两种思想要素的结合，并不是那么紧密和具有内在的一致性。巴塔耶对于人的精神运动的

111

揭示，可以被看作是对现代社会之外的社会现象的解释。他解释了在人类生活的本然状态下如何产生了现代的同质性社会和理性世界，并说明了这种同质性和理性并不能掩盖人类生存的全部可能性。这种对人类精神运动的揭示，在一定程度上独立于甚至超越了对人类经济社会生活的考察。巴塔耶以近乎嫁接的方式将两者结合了起来，从而得以构成他独具特色的后现代哲学思想，但是这种外在的结合使他的思想没有形成一个严谨的、有着特定内核的清晰结构，而是衍生出一个松散的、多线索平行的散漫结构，只不过这些平行线索最终又汇聚于他关于从异质学到内在经验的一系列看法了。不仅巴塔耶如此，继其之后的后现代哲学家的思想也有这种使多种思想来源发生混搭发酵效应的特点。例如，德勒兹不仅凭借尼采的思想资源提出对黑格尔辩证法的批判，而且广泛吸收了包括斯宾诺莎（Baruch de Spinoza）、休谟、马克思、怀特海、福柯以及精神分析学家在内的其他众多思想资源，在此基础上与从柏拉图到笛卡儿再到黑格尔的西方哲学传统展开对话和斗争，以"差异"挑战同质性的优势地位和同一性的基始性，从而与这一哲学传统的距离越来越远。

其次，后现代哲学在思想结构上往往缺乏严谨性和自洽性。后现代哲学思想对体系哲学通常持反对态度，而在思想展开和文本表述方面常常不拘一格甚至风格特异，缺乏严谨的体系结构和严格的逻辑一贯性。同样以巴塔耶为例，他的后现代哲学思想本身的运思是不够严格的。这种不严格体现在思想过程与理论内容设定的相悖、阐明思想的手法与阐明思想的目的的相悖以及对某些历史事件的过度解释等方面。巴塔耶经常偏离或违背了自己的理论，在有些地方，他的思想过程会滞后于他的理论内容；而在另一些地方，他的思想目的又往往滞后于他阐明思想的手法。具体说来，巴塔耶阐明思想的手法以及他在文学实践中对于语言的运用的确是令人赞叹的,体现了后现代哲学的精神;但在他对于现实世界的关注中,在他阐明思想、勾画理论的最终目的上,他又回到了理性的轨道上。巴塔耶在许多讨论中都提到,我们应该以一种更加明智的观点来看待人类世界的能量运行,而这样做的目的则是避免灾难性的后果发生,进而使历史的发展更加符合理性或更加符合人类的利益。巴塔耶运思的不严格,在一定程度上影响了他的思想效力。迈克尔·理查德森(Michael Richardson)就认为,和马克思相比,巴塔耶缺乏那种严格分析的品质,而正是这种品质使得马克思的分析具有了如此令人震惊的冲击力。[①] 巴塔耶与马克思的差别或许不只是在于运思的严格性,但这种运思的不严格无疑使巴塔耶的后现代哲学思想呈现出一定的混乱和自我削弱,而这也是造成它的局限性,即止步于观念的启发、无法真正指引现实的原因之一。

最后,从思想后果看,后现代哲学大多表现出批判性有余而建设性不足的特点。后现代哲学既批判传统的等级制对人的压迫,也批判现代的理性、主体等根深蒂固的哲学观念对人的生存方式的主宰和制约,但在提出新的替代性方案方面,后现代哲学的具体倡议要么被现代社会的总体化机制吸收而促进了现代性的发展,要么显得天马行空、凌空蹈虚,仅具有启发性而缺乏现实的可行性。在这方面,巴塔耶的后现代哲学思想就具有明显的空想色彩。它对于理性主宰的现代的同质性社会提出了强烈批判,然而这种批判只指向了思想,并没有指向现实。无论是揭示人类精神的双重运动,抑或是勾勒由"动物性、人性、圣性"构成的三重世界理论,这种过于宏阔的视角面对现实中强势的资本逻辑其实是无能为力的。如果与马克思对比就可以发现,巴塔耶并没有像马克

[①] RICHARDSON M. Georges Bataille [M]. London: Routledge, 1994: 88.

思那样去剖析资本逻辑内部的运行机制，进而指出资本逻辑所面临的危机和必然归宿；巴塔耶是从外部着手的，即通过一种外在的理论构建而使资本主义的现代世界呈现为一种极为有限和片面的存在。同时，他也不像马克思那样指向未来，期许理想中的共产主义社会，而是在思想中隐含了对过去的历史或原始生存状态的重视。巴塔耶关于人类精神机制的阐述，也回避了现代意义上无限向前的进步观念，而主张一种永恒轮回的、充满张力的双重运动。这种外在的、超然的思想路径，虽然流露出几分"道骨仙风"的气质，使人在观念上耳目一新，但最终并不能够对世界历史进程产生实际的指引作用。思想路径的斜逸而出，导致了他的思想主张与社会实际的脱离。如果将巴塔耶的耗费思想落实到社会生活，结果很可能引领一个社会走到现实生活的崩溃边缘，而在这种现实危机面前，所谓的神圣世界也将很快迎来土崩瓦解的结局。浪漫的思想或许有利于激发文学与诗歌的创作，但如果用不切实际的思想来指导社会建设，其后果总是惨烈和令人无法接受的。人类社会向前发展的历程，毕竟需要人们用脚踏实地的奋斗，在充满羁绊的、黏稠的现实世界中迈进，才能谱写出来。

后现代哲学思想的上述缺陷与其思想的总体特点相关。或许可以认为，后现代哲学思想之所以在严谨性、自洽性、建设性等方面存在一些缺陷或不足，根本上是因为其本身就在对那种逻辑严密、理论自洽的体系哲学提出挑战，并选择以一种新的哲学形式进行一种新的探索。这些缺陷，正是在进行思想的实验性探索中而非体系性建构中呈现出来的。在巴塔耶的哲学思想中，重要的不是精心构筑一个足以赢得他人赞赏的思想体系，而是要面向未知的黑暗开拓，向不可能性迈进。巴塔耶所寻找的是人类的现成存在方式之外的维度，或者说是比现成的人类生存方式更为丰富的新的可能性。事实上，巴塔耶不仅没有想要建立一个封闭的、黑格尔式的哲学体系，而且，在他的思考线索中并不存在特定的学科分野，多种学术资源都被汇聚其间。他的思考活动常常是发散性的，在阐述的过程中随处蔓延以至发生跳跃。他的表述很多时候更像是文学作品，除了简短精要的理论概括和对社会历史资料的综述之外，还有大量的对自身生命体验的记录和省思。巴塔耶的创作，不是建筑一个理论大厦，更像是一次思想冒险；他的作品，就像掷出的骰子，只是意味着伴随机缘展开的过程，而不是凝固的结束或完成。因此，也可以认为，巴塔耶的后现代哲学思想除了推动哲学范式与路径的转折之外，其实并没有什么实质性的结论。但是，这种不做预设的思想探索历程本身或许正是其独特的精神价值之所在。

三、后现代哲学的精神价值

如果说现代化过程是一个持续的理性化过程，那么后现代哲学则是对这种理性化进程赖以成立的根据及其在各方面产生的效应提出了疑问和反思。在光怪陆离的表述形式背后，后现代哲学提出的诸多议题其实也颇有深意，不仅具有思想探索的意义，在拓展思维空间以及建构精神世界方面也都有所启发。

一是后现代哲学在思维范式上做出突破，打开了更为广阔的思维空间。超越现代性的关键不止在于批判理性、主体性、人类中心主义等核心观念，更在于实现思想方法的转变，特别是理论思考的思维范式的转变。如果仍然沿袭旧的思维范式，只是在同一个句式中将主语更换，那么，这种变革充其量不过是头脚倒置的翻转，而且无论如何翻转，都仍然无法跳出既定领域，无法实现真正意义上的超越与新生。传统以至现代的思维范式追求的是同质性。无论西方传统哲学的逻各斯中心主义，还是中国传统哲学的德性本体论，都在试图寻找一个源头或起点，并据此建立一个清晰的、一贯的体系。这种本质主义的思想方法无非是要以一当万。作为这种思维方式的一个巅峰，黑格尔的辩证法实际上也是以精神自身的运动而在理性思维的界限内囊括千差万别、千变万化的万物的总体。作为后现代哲学思想的重要发起者，巴塔耶给后世带来的深刻影响就在于对异质性问题的讨论。巴塔耶在这种讨论中提出的异质学代表了一种新的思维范式，而正是这种思维范式的出现，成为从现代到后现代的哲学思想发展历程中具有划界意义的一个理论贡献。异质学思维打破了西方哲学传统中以同质性为内核的思维范式的桎梏，重新思考同质性与异质性的关系，为后来的学者进行理论创新提供了深刻而新颖的启发。在这个意义上，在理论思维的后现代转向中，巴塔耶发挥的作用应该说是巨大的。

　　随着后现代哲学思想的发展，西方马克思主义的哲学逻辑也发生了转变。这种转变主要表现为从物化批判的逻辑转向张扬异质性的逻辑，而后现代哲学家们的思想贡献无疑在其中起到了推波助澜的作用。"在20世纪法国复兴尼采哲学的过程中，法国马克思主义的理论家们才从尼采哲学中看到异质性的观念，并经由巴塔耶、福柯和德勒兹的阐发而得到强化，最后体现在世纪之交的鲍德里亚和德里达的思想中，形成了异质性逻辑的表达方式。"① 巴塔耶、福柯和德勒兹都摆脱了黑格尔式的观念论，而巴塔耶更是直接提出了异质学思想。法国的巴塔耶或许正如德国的阿多诺一样，都在思想发展线索上促成了思维范式的根本转换。这种转换也深刻影响了其他西方国家的学者。后马克思主义理论旗手拉克劳正是通过用异质学置换辩证法，完成了对传统马克思主义的深刻解构。相对于从辩证法出发把社会理解为一个同质性的澄澈空间，拉

---

① 潘于旭. 从"物化"到"异质性"：西方马克思主义哲学逻辑转向的历史分析 [M]. 杭州：浙江大学出版社，2009：5.

克劳选择像巴塔耶那样关注社会的异质性因素。在拉克劳看来，异质性是政治统一性的基本条件，社会力量的形成未必基于内在的凝聚，更有可能只是经由外在的政治连接把各种异质因素聚拢在了一起。在此基础上，他才得以建立领导权理论，即一个特殊的事物变成能指，来指称不可能通约的事物的总体以及尚未圆满实现的历史期待；同时，建立起他的激进民主思想，即不同的群体为了给他们的特殊存在临时性地赋予一种普遍的代表性而竞争。从深层逻辑上说，异质学的思维范式是后马克思主义得以提出的关键，也是其能够得到深入理解和把握的关键。后马克思主义蕴含的异质学思维范式，为后现代哲学思想产生深远的影响提供了一个印证，也说明了为何仍有必要探究巴塔耶的后现代哲学思想的深层意蕴。

二是后现代哲学思想在现代社会"把人归约为物的状态"方面具有深刻的批判性，并在一定程度上形成了与中国传统哲学的相似性。后现代哲学思想对于抽象理性的摒弃和对于经验的沉迷，归根结底，是为了重新彰显人的活生生的生命经验及其自主性地位。如何剖析物的逻辑、批判理性思辨进而关心人本身，换言之，如何把握物与人的关系，是一个备受关注的哲学问题。海德格尔对这个问题曾做过深入的讨论。他在《物的追问》一书中认为，在康德之前，近代科学是以数学筹划为特征的，近代形而上学就是从数学之物中产生的，笛卡儿、莱布尼茨（Gottfried Wilhelm Leibniz）等人采取的都是数学的基本立场，而伴随着康德对数学的东西和数学之本质的不懈思考，伴随着区分狭义的数学理性与形而上学的理性，纯粹理性批判就开始重新界定物之物性了。在这种对康德的解读中，海德格尔厘清了根本性的问题，那就是对人的存在的重视。在海德格尔看来，对物的追问其实通向了对人的生存的考察。他说："康德对于物的追问，问及了直观和思维，问及了经验及其原理，即问及了人。'物是什么？'的问题就是'人是谁？'的问题……在康德追问物的过程中展开了介于物和人之间的一个维度，它越向物并返回到人。"[1] 尽管这种从存在问题来理解康德的理性批判的尝试，有把形而上学向着存在理论扭曲的牵强附会之嫌，但这也确实反映了海德格尔基于对人的生存的关注来考察物、把对物的追问引向对人的追问的深刻思路。在这一点上，巴塔耶与海德格尔是一致的。当然，他们之间也存在着重要的区别。正如哈贝马斯所指出的，海德格尔对物的追问无疑是沿着形而上学批判的方向进行的；而巴塔耶则是沿着道德批判的方向进行的，他关注的不是主体性的深层基础，而是主体性的越界问题。[2] 海德格尔自身所理解的物是与此在共在的存在者，他批判了传统的物是诸多属性的载体、是感性杂多的统一体、是质料与形式的统一等观点，揭示了康德之前所看到的是数学之物，而康德则对此进行反思并引向了对人的追问；巴塔耶看待物的起点是作为财富和人的占有对象而出现的，对待物的态度强调了以耗费为标志的对物的脱离，对待人的存在则更倾向于自我观念的消解及其向连续性的回归。可以说，巴塔耶实际上开辟了与存在主义有着诸多共同议题却又有着不同回答的另一条重要道路。巴塔耶开辟的这条道路深刻地影响了鲍德里亚。自20世纪80年代起，鲍德里亚几乎成为所有后现代主义刊物中的核心人物。然而，就鲍德里亚的学术思想而言，在其创新多变的后现代主义新潮观念之下，莫斯-巴塔耶的象征交换思想始终是"作为隐性理论问题式深层在场"

---

[1] [德] 海德格尔. 物的追问：康德关于先验原理的学说 [M]. 赵卫国，译. 上海：上海译文出版社，2010：216.
[2] [德] 哈贝马斯. 现代性的哲学话语 [M]. 曹卫东，等译. 南京：译林出版社，2004：250.

的。① 正是从巴塔耶这里，鲍德里亚吸收了人不是劳动的产物、人的本性在于耗费的思想。"鲍德里亚采用了与劳动人类学截然相反的巴塔耶的人类学立场，认为人的本质不在于劳动，而在于太阳般释放过剩的能量。"② 鲍德里亚由此超越了传统马克思主义所关注的生产逻辑，并将巴塔耶的耗费思想与莫斯的礼物交换思想相结合，形成了独特的象征交换理论。在鲍德里亚看来，变革资本主义的出路不可能在其生产过程中找到，而只能在象征交换中，在巴塔耶意义上的纯粹浪费性的释放中找到。

后现代哲学思想对于人的生存的探索，大多体现着一种切己体察的思想路径。巴塔耶的哲学思想中糅合了许多社会学和人类学的因素，但他不是从一个外在的对象而总是从其自身内在体验出发的。这是一种由内而外的生发。这种"由己推人"不是理性的推测，而是"内在经验"的向外延展。这种独特的思想路径是对关注语言和逻各斯的纯粹理性思维路径的反叛。对于中国传统思想而言，这是很容易产生共鸣的，即强调从每个人自身能够感受到的经验直觉开始，然后把这种经验直觉所得的体悟发扬出来。这不是一种纯粹思维，而是一种存在之思，是和生命历程、生命体验融为一体的运思过程。当然，巴塔耶不是像中国传统哲学那样追求德性修养和人格成就，而是在追求生命可能性的边界或生命的不可能性。更具体地说，巴塔耶看待人生有限性问题的方式与中国古代的庄子颇为相近。无论对于巴塔耶还是对于庄子来说，问题都不在于如何积极有为地超越人生的有限性，实现自我之价值、人生之抱负，而在于人生的有限性本身是成问题的。人生之有限，意味着自我之确定。

---

① 张一兵. 反鲍德里亚：一个后现代学术神话的祛序 [M]. 北京：商务印书馆，2009：1.
② 俞吾金，等. 现代性现象学 [M]. 上海：上海社会科学院出版社，2002：262.

固执于自我，于是产生惶惑。这种惶惑，体现为念念不忘地要去有所得，也就是占有。然而，越是占有，自我之执迷就越深。这种恶的循环，如同往而不复的深渊。而在失去中，在自我的消解中，却有可能破除这种执迷，将自我融入宇宙之无限，与天地同往来。由此看来，巴塔耶也好，庄子也好，都在讲述一种不同于现代社会的另外的可能，一种精神或观念上的无我之境界。

三是后现代哲学思想对于当代中国的思想发展也具有积极的启发意义。第一，有助于推动哲学思想与时俱进向前发展。通过对巴塔耶后现代哲学思想的梳理，特别是辩证法批判和理性形而上学反思，可以看到它对于现代哲学在发展中产生的某些理论盲区有着清醒的认识。如果能够认真面对这些批评并积极做出回应，它将成为推动哲学思想不断发展和创新的有益因素，使哲学思想更好地回答时代性问题。第二，有助于更好地坚持马克思主义。积极应对理论挑战，才能更好地发掘马克思主义自身的理论资源，更好地领会马克思主义的精神实质。马克思本人的思想当中其实已经有了关于异质性的论述。黑格尔哲学作为法国大革命的观念总结，指出了观念可以引领和塑造社会现实。不久之后，马克思敏锐地指出了理论与实践的异质性问题。对马克思这种异质性思想的坚持，正是中国共产党"理论联系实际"思想路线的内在根据；而历史上出现的教条主义、经验主义等，从思想根源上说，都是对这种异质性缺乏自觉认识的表现。当然，后现代哲学思想中的异质学已经不同于马克思关于异质性的思想。它不再是一种关于理论界限的自我警醒，而是变成了一种在分析社会运动时高度自觉和全面依赖的思维范式。尽管如此，以后现代哲学思想中的异质学为参照，仍然有助于我们对马克思本人的思想获得更为深入的理解和认识。第三，有助于更好地解释现实、关怀现实。异质性问题和内在经验问题，其实是西方后现代哲学理论中的标志性问题。从后现代视角来看待这些思想创新，或许可以在一定程度上持肯定态度。总的看来，如果说辩证法指向合理化，指向理性主宰下的统一与和解，那么，异质学则是指向包容性，指向多元和对他者的承认。在日常生活经验中，我们遇到的常常是或此或彼的选择，或有得有失的决定，而不是对立统一、兼而有之的完美结局。在社会生活层面，后现代哲学也反映出一种对个体遭遇、局部命运的关怀，以及对被客观化的抽象逻辑的审慎态度。经由后现代哲学思想而呈现出的这些见解和关怀，在加快现代化进程的今天，显然是有价值的并应引起我们关注的。

现代社会发展在高扬理性准则和推动物质繁荣的同时，也使个体的生存日益受到重视和呵护。后现代哲学思想对这一进程是有所审视和反思的，从巴塔耶到德勒兹的诸多学者都倡导突破现代理性视域中的自我观念，从而对物的日益繁荣和人的日益个体化保持一种超越性批判的自觉。可以认为，在摆脱私有制观念和拜物教束缚方面，巴塔耶的哲学思想是对马克思主义的有力支持，因为它鼓励个人超脱私利，考虑宏观的整体，从个人的有限目的中解放出来而与天地万物同流。当然，这种思路毕竟带有空想的性质。设想一个拥有财富和权力等社会资源的人，如何才会主动舍弃作为个体所占有的既得利益而承担起整体的社会责任呢？有些自然资源开发商，在没有受到足够严厉惩罚的情况下，很可能不会因为污染了环境而停止追求资源开发活动所带来的丰厚收益，良心上的谴责毕竟抵挡不过利益的诱惑；个别公共部门的履职者也可能出于业绩和权势的考虑，而将其本应为之服务的人群、为之负责的社会整体利益放在次要的地位。诸如此类的现象都表明，一旦和利益结合，社会的分化和个体化以及随之而来的对一己私利的考虑就自然会出现。从个体视角转向整体视野，总是缺乏有力的现实支撑。就此而言，在改造现

121

实社会方面，与马克思主义的科学社会主义相比，巴塔耶的后现代哲学思想或许仍处于空想社会主义的水平。

着眼巴塔耶来考察后现代哲学思想，可以发现，现代人的精神状况从中得到了更为充分的袒露。巴塔耶曾说："信仰通常是在回应人的渴望，这是人总是要寻找自我的渴望，要恢复很奇怪地一直被遗弃的亲密的渴望。"① 他在其《内在经验》中与上帝的交流，或许可以看作是在上帝缺席的情况下，在处于孤独的极端体验时，油然而生的一种询问和追忆。他没有像尼采的查拉图斯特拉那样，以寂寞为"故乡"，倾听它那"幸福而温柔"的声音。② 巴塔耶赞同的是这样一种观点：人类不是只靠面包而活着，人类还需要奇迹，还需要神圣的东西。③ 这种对于精神生活的关注，至少表明人类还需要自我之外的东西。在资本主义阶段，人们将精神投射于物，最初是以物的繁荣来印证和增添上帝的荣耀，后来又以物的繁荣本身印证自我和打发寂寥的人生。然而，归根结底，物的繁荣或者是伴随着上帝崇拜的一个副产品，或者是人的存在的自我投影。后现代哲学的思想探索具有一定的警醒意义，让我们既不要迷失于由物的繁荣铺成的路途中，也不要罔顾个人自我意识的觉醒与成长，而要积极构建与物质繁荣和个体觉醒相适配的精神家园。这样的精神家园，要能够为已然觉醒和分化出来的个体提供安身立命的根本，提供内在精神的涵养与支撑。它不是以华丽的文字为本，也不是编织一种漂浮于日常意识之上的意识形态，而是关心现实生活中的人的真实生存

---

① COMAY R. Gifts without Presents: Economies of "Experience" in Bataille and Heidegger [J]. Yale French studies, 1990 (78): 83.
② [德] 尼采. 查拉图斯特拉如是说 [M]. 杨震, 译. 北京: 中国社会科学出版社, 2009: 159.
③ BATAILLE G. The Accursed Share: The History of Eroticism and Sovereignty [M]. HURLEY R, trans. New York: Zone Books, 1993: 200.

状态，满足人的真实的内在需求。有时候，人们对于精神作用的过分强调与过分忽略是同时并存的。对于精神作用的过分强调，体现在主张充分发挥人的主观能动性，体现在通过思想改造或精神教化来塑造"新人"；对于精神作用的过分忽略，则体现在较少关注精神家园的重要意义。这种对于精神作用的偏颇态度，从另一方面来说，又和对于物质的偏颇理解是一致的。

为精神正名，涉及为物质正名。我们所熟知的唯物主义的"物"，到底指什么呢？如果单纯认定它是"客观实在性"，其意义无非是要求人们确立一种看待世界的客观的态度。然而，在实际生活中，它更容易被理解为具体的物，特别是物质财富，这就使唯物主义滑向了庸俗的唯利主义。这种理解，流毒深广。人们也因此自甘"驰骛于外物而无暇还顾内心"。事实上，在马克思那里，"物"是被"物象化"地理解的，也就是说，要透过具体的存在物，看到它背后所凝结的社会关系。比如，如果"穿越"到唐朝，100元人民币显然是不能像现在这样买到100个馒头的，因为货币从来不是一种单纯的客观存在物，而更是社会性的符号，是社会关系的凝结。通过对物的物象化理解，马克思看到了外在于个人的社会性的强制力量。在今天，很多每天都要拼命挣钱还房贷的年轻人，或许更能切身体验到这种社会性的强制力量。这种外在于个人的强制力量，根源于社会生产关系中的分工和分化，而这又是由处于一定阶段的并不发达的生产力所决定的。历史唯物主义所蕴含的价值目的，就是要在发展生产力的基础上消除社会性的强制力量，最终实现每个人的自由而全面的发展。

厘清对于物质概念的理解，既可以使人们不必讳谈精神，以躲避"唯心主义"的恶名，也可以使人们不必视精神为有用之物，而还给精神以应有的地位。依其本义说来，精神不能用来换取钱财、名望、权势；精神不是达到其他目的的手段，精神自身即为目的。有时，精神虽然不被视为手段，却会被视作有待占有的对象。或许会有人出于有所用心的意图，把精神作为自己的统治领地。然而，这样做或是试图以主观自觉的方式体现精神，或是扭曲甚至泯灭了有生机的精神，都值得警醒。比如，传统专制社会对于愚忠观念的宣扬，就是纯粹通过对臣民精神上的占有来占有臣民。黑格尔曾说："在东方只有一个人自由（专制君主）。"[①] 那唯一专制的人也不是真正的自由，因为自由包含别的人也是自由的。黑格尔在古代东方文化中只看见"私欲、任性、形式的自由、自我意识之抽象的相等"。于是，黑格尔认为东方只有主人与奴隶的专制关系，没有思想的自由，进而也没有哲学知识。[②] 黑格尔的观点虽令人感到刺痛，但也包含着对人类历史发展进程中关于精神的洞见，足以引发深刻的反思。

　　对精神的地位略加了解之后，就应当明白，精神的作用并不在于外在的教化。就其实现方式而言，居高临下的说教或宣贯必定不适用于这个时代，因为它忽略了个体的自主人格和人们内心的自由情感，很难真正被人们所接受。精神的作用在于内在的引领，为觉醒了的自我提供方位和方向。它能够回答个体自我对于自身的认同问题以及生存的意义问题。这并不是反复地告诫人们"你要怎样做"，而是要作为一个置身于实际生活中的人来思考"我是谁""我应当是谁""我做的事有什么意义""我的人生有什么意义"等问题。一个时代的精神，就是身处这个时代的人们对这些问题的追问与回答。时代精神固然带有这个时代的局

---

① ［德］黑格尔. 哲学史讲演录：第1卷［M］. 贺麟，王太庆，译. 北京：商务印书馆，1960：99.
② ［德］黑格尔. 哲学史讲演录：第1卷［M］. 贺麟，王太庆，译. 北京：商务印书馆，1960：95，97.

限性，但更重要的是，它不是漂浮无根的，而是真实的，是生活在这个时代的人们的真实心声。有了健全的时代精神，人们的生存才有可能获得意义的完满和内心的安然，社会运行才可能更容易形成良性秩序与平和心态。简言之，只有能够为人们提供在精神上有家园之感的思想才真正有生命力。

最后，应当指出，社会主义核心价值观已经为当代中国精神家园的构建提供了基本框架，为当代中国人提供了精神上的坐标。"社会主义核心观，集中体现了当代中国精神，凝结着全体人民共同的价值追求，是凝聚人心、汇聚民力的强大力量。"① 在坚持马克思主义指导地位以及爱国主义、集体主义、社会主义等教育取向的同时，社会主义核心价值观提出了三个方面的倡导，即倡导富强、民主、文明、和谐，倡导自由、平等、公正、法治，倡导爱国、敬业、诚信、友善。这分别涉及了国家层面、社会层面和公民个人层面。概括这三个方面、十二个词，包含着对作为当代社会主体的公民个人的承认，以及在这种承认基础上给出的相应的价值引导。事实上，社会主义核心价值观的提出，为不断成长的现代国家、现代社会和现代公民主体都提供了精神指向上的依据。就国家层面而言，富强、民主、文明、和谐凝聚了各族人民共同的心声，顺应了现代国家在物质发展、政治开明和社会进步方面的基本趋势；就社会层面而言，自由、平等、公正、法治汇集了当代公民对于社会秩序和社会环境的共同期待，是逐渐成长起来的个体化公民主体对于良性社会运行机制的要求；就公民个人层面而言，爱国、敬业、诚信、友善则是在承认公民个人的主体地位和当代诉求的同时，对其个人的人生价值取向提供了引导，使其能够在与国家、事业、社会、他人的关系

---

① 中共中央宣传部．习近平新时代中国特色社会主义思想学习纲要［M］．北京：学习出版社，人民出版社，2023：190．

中定位自身,并在这种关系定位中形成基本的价值准则,形成方向性的价值指引。可以说,社会主义核心价值观为当代中国的发展提供了多层次、全方位的精神指引和价值参照,使得国家的发展、社会的发展和公民个人的发展都能有所依循。特别是对于个体化的物质生活而言,这种精神指引与价值参照应当是贴近实际的,能够深入人们的内心并帮助人们穿透迷茫,看清方向。在借助社会主义核心价值观构建当代精神家园的同时,我们所期待的不仅有文化自觉,还应当有文化上的真正自信。换言之,不仅整个民族拥有安稳的精神家园,而且应当能够为整个世界提供生存的意义和价值的准则。这无疑是一项更为任重道远的使命。在这样的使命面前,只有扎扎实实地努力才能有所前进,只有放眼国际思想前沿才能有所创见。

第五章

马克思的现代性诊断及其与后现代哲学的差别

马克思是对现代性现象进行批判性反思的真正先驱。早在资本主义社会还处于蓬勃发展的自由竞争阶段以及逐步向垄断阶段过渡时,马克思就对资本主义现代性及其在经济社会生活中的表现进行了敏锐的洞察和深刻的批判。美国学者贝斯特和科尔纳在《后现代转向》中指出:"卡尔·马克思是第一位使现代与前现代形成概念并在现代性方面形成全面理论观点的主要的社会理论家。"[①] 由于对马克思思想的解读为中国的现代化进程提供着极为重要的话语资源,考察马克思对现代性的诊断并明辨其与后现代哲学的差别,就不仅具有理论上的重要性,对于当代中国现代化道路的伟大实践也具有启发意义。

一、马克思现代性诊断的独特路径

马克思对现代社会及其运行逻辑做出了独特而深刻的洞察。他虽然没有直接使用过"现代性"这个词,却无疑间接地对现代性进行了诊断。"马克思对现代性的诊断是从特殊的路径出发的,这一路径就是经

[①] 贝斯特,科尔纳. 后现代转向 [M]. 陈刚,等译. 南京:南京大学出版社,2002:100.

济哲学的路径，它决定着马克思所使用的概念的特殊性。"① 马克思通过对商品、资本、异化的分析，对现代性的本质做出了深刻的阐述，这也与抽象的外在批判形成了根本区别。

马克思现代性诊断的起点是"商品"。从"商品"出发，而不是从一般的"物"出发，是很值得关注的问题。首先，这并不意味着马克思在理论思考上没有达到足够的抽象高度。"物"的确是一个更为抽象、更为基本的哲学概念。但是，抽象本身不是理论的目的，以抽象的思考切中时代才是理论的目的。把商品作为起点，表明了对商品经济普遍化的把握，而商品经济的普遍化恰恰是现代社会与传统社会的一个重要区别所在。其次，这意味着马克思避免了进行纯粹抽象的哲学窠臼。马克思的理论旨趣并不是像传统哲学教科书中所表述的那样满足于谈论"世界统一于物质"，甚至不只是要把握物质在现代社会的具体样态及运行逻辑，而更重要的是要透过"物象化"揭示物的背后现代社会中人与人之间真实的社会关系。就此而言，经济哲学的路径显然比作为空洞概念体系的一般哲学具有更为丰富的内容。最后，这意味着马克思哲学思想对具体的历史规定性的彰显。马克思不是从人与物的关系出发抽象地、二元论地谈论物，而是如海德格尔所指出的那样，"深入到历史的本质性的一度中去了"②。正是在这样的理论视域中，经济发展及其背后的架构，或者说，人们的日常生活及社会运动与形而上学的建构过程，才能被作为一个整体来加以把握。这是解读和审视现代性时无法绕开的路径。

马克思现代性诊断的关键是"资本"。就西方现代性而言，要把握

---

① 俞吾金. 马克思对现代性的诊断及其启示 [J]. 中国社会科学，2005 (1)：4.
② 参阅孙周兴. 海德格尔选集：上 [M]. 上海：上海三联书店，1996：383.

其本质就必须关注资本逻辑。资本构成了现代性现象的内核和灵魂。资本逻辑占据统摄地位，而一般意义上的物、人和劳动生产过程，只有在资本逻辑的框架下才能得到理解。资本虽然以物的方式得以呈现，但是，"资本不是物，而是一定的、社会的、属于一定历史社会形态的生产关系，后者体现在一个物上，并赋予这个物以独特的社会性质"①。甚至生产资料的总和也不足以解读资本，而资本则是已经转化为资本的生产资料。对于资本逻辑的把握，至少应该有两点：第一，从其表现效用上说，一切有质性规定的东西都被数量化，进而被纳入了无限增长的机制。这种数量化意味着异质事物的同质化，一切都被敉平在矢量增长的无尽空间，连时间也被空间化而成为可以操作和经营、最终用以生产剩余价值的对象了。第二，从其根底上说，资本逻辑不仅是经济学意义上的资本运行过程，"而且要从哲学上将之理解为现代社会结构化的一种方式以及人类自我认同的社会存在模式"②。也可以说，资本与现代形而上学是一体的，它们共同构成了现代性的基本支柱。"在现代性由以开展出来的世界中，资本和现代形而上学有着最关本质的内在联系，或者毋宁说，有着最关本质的'共谋'关系。"③ 这就意味着，批判资本逻辑首先必须超越现代形而上学，放弃在流动的现代性中寻求确定依据的期待，而从不断循环往复的结构化的过程来看待资本，看待现代社会生活的全部过程。

马克思现代性诊断的出路在于"异化"的扬弃。马克思现代性诊断的经济哲学路径关注的是人本身的活动，尤其是在现代社会中表现为

---

① 中共中央马克思恩格斯列宁斯大林著作编译局. 马克思恩格斯文集：第 7 卷 [M]. 北京：人民出版社，2009：922.
② 仰海峰.《资本论》的哲学 [M]. 北京：北京师范大学出版社，2017：96.
③ 吴晓明. 论马克思对现代性的双重批判 [J]. 学术月刊，2006 (2)：48.

异化劳动的生产劳动。异化理论提出了以真正的对象化来反对异化，更多的是一种人类学意义上的思考。应该说，这还不足以说明资本主义社会的内在逻辑，不足以揭示资本增殖、劳动异化的内在秘密，而只是进行了外在的价值评价。马克思后来进一步深入到了《资本论》的写作中，原因也在于此。但是，从现代性诊断的角度来说，马克思的异化理论仍然相当重要，具有突出的批判意味，并成为鲍德里亚等后现代哲学家们解读现代性的重要思想资源。异化的扬弃，意味着要恢复不能被数量化所通约的事物自身内在的价值，具体说来，就是向着扬弃了异化的人类生产和生存的本原状态回溯复归，而且异化的扬弃不是基于抽象主体性的过程，而是包含了感性对象化活动的社会历史现实过程。马克思在现代社会场域中展开经济哲学、社会政治和主体性哲学等多重向度的现代性批判，从而走向社会历史现实的深处，呈现出一幅总体性的辩证图景。这事实上为现代性引入了一种内置于其中且具有价值优先性的维度，既构成了对现代性的反思和批判，也寓言式地指出了现代性的出路。

二、从后现代维度看马克思哲学

马克思对现代性的诊断中无疑包含了深刻的批判，但这和确认马克思哲学具有后现代维度之间仍然存在着逻辑上的跳跃。换言之，马克思哲学是否具有后现代维度，仍是一个需要辩论的问题。至于确认一种哲学是否属于后现代的标准，主要应看它是否诉诸"元叙事"，是否具有一种现代形而上学的根基。利奥塔曾把对"元叙事"的怀疑看作是后现代的标志，而所谓"元叙事"，就是具有合法化功能的叙事。它突出表现为普遍真理，或黑格尔式的无所不包的、纯思辨的理论叙事。如果说后现代哲学相对于现代哲学有一种转折性变化，那么，这种变化或许

第五章　马克思的现代性诊断及其与后现代哲学的差别

就在于传统哲学和现代哲学都有基础性的概念并试图借助这种基础性的概念来说明世界，而后现代哲学则以各种方式拒斥了这一点。

尽管对于马克思哲学是否能被划入后现代哲学还有很多争议，但承认马克思哲学的思想空间可以涵盖后现代维度应当是没有太多疑问的。作为后现代主义领军人物的利奥塔，就在认为具有合法形式的马克思主义是一种"元叙事"的同时，也承认它能够发展成一种批判性的知识形式。这代表了一种典型的观点，即一方面认为马克思主义是一种现代思想，因而不同于后现代哲学；另一方面又认为它是对现代性的深刻批判，因而足以生发出后现代的维度。这里对正统马克思主义与马克思哲学的区分、马克思哲学的现代性等问题暂且不作讨论，而只集中于马克思哲学本身蕴含的后现代维度略做探讨。

从思想出发点和历史生成情境来说，马克思哲学超越了纯粹理论建构的旨趣，从一开始就具有政治的关切。特雷尔·卡弗（Terrell Carver）教授认为，马克思早年对黑格尔哲学的研究，并非纯粹的哲学讨论，而毋宁说"是一种政治介入"[①]。关于马克思与黑格尔之间的思想关系，不能从纯粹哲学的角度而应联系当时的时代背景来考察。马克思不是一个学术型的哲学家，他关注的不是纯粹的哲学问题，而是透过哲学的争论表达一种政治关注和政治观点。突出政治是后现代哲学的一个重要标志。这种政治有时表现为美学问题，有时表现为结构性的差别。但总的来说，态度和立场透过理论表达而突显出来，变得举足轻重。与此相比，哲学体系则隐退而去、不复重要。马克思哲学正是如此，它不是要追求概念提炼、体系构建，而是要进行一种批判性的思考。这恰如马克思所说："对实践的唯物主义者即共产主义者来说，全部问题都在于使

[①] 张双利. 马克思与黑格尔之间的思想关系再论：访特雷尔·卡弗教授[J]. 哲学动态，2017（8）：102.

现存世界革命化，实际地反对并改变现存的事物。"① 可以认为，马克思哲学是在用哲学的语言表达政治的观点和诉求。当然，这种政治诉求并不是通过外在的否定，而是通过内在的扬弃来完成的。这种内在的扬弃突出地体现为对资本逻辑的透彻分析，以及由此而形成的上述表现为经济哲学的现代性诊断。

　　从思想内容及其表述上说，马克思哲学体现了对现代形而上学本身进行的批判。马克思的哲学变革，在于从理性地批判变成了对理性的批判，由此超越了启蒙以来的理性精神；不仅如此，马克思也没有满足于用非理性的意志或欲望来说明现代人的行为方式，而是表明了意志或欲望形而上学本质上也是资本形而上学。作为理性或欲望主体的人，无论表现为资本家还是工人，都只是资本增殖的工具和载体；理性形而上学或意志形而上学，说到底都体现了资本主义发展的内在要求。因此，对资本的批判必然包含着对现代形而上学的批判，而对形而上学的批判只有深入到对资本的批判才能完成。"资本不仅是现代经济学的谜底，也是主体形而上学，尤其是意志（或欲望）形而上学的谜底。换言之，只有当人们认识到，正是资本形而上学主宰着现代社会的日常生活和思想意识时，他们才有可能对现代社会做出真正有分量的、批判性的考察。"② 马克思通过批判资本及其形而上学，成为形而上学批判的真正完成者。正如海德格尔所说："形而上学就是柏拉图主义。尼采把他自己的哲学标示为颠倒了的柏拉图主义。随着这一已经由卡尔·马克思完

---

① 中共中央马克思恩格斯列宁斯大林著作编译局. 马克思恩格斯文集: 第 1 卷 [M]. 北京: 人民出版社, 2009: 527.
② 俞吾金. 资本诠释学: 马克思考察、批判现代社会的独特路径 [J]. 哲学研究, 2007 (1): 25.

成了的对形而上学的颠倒,哲学达到了最极端的可能性。"① 对于马克思的资本形而上学批判,俞吾金教授将其概括为一种可以称之为"资本诠释学"的重要理论。这种资本诠释学,同时包含着批判的、实践的和权力分析的维度。它深入研究了现代社会的经济生活,因而超越了叔本华、尼采只是基于物理、生理和心理的意志形而上学,对现代社会做出了更有穿透力的批判。可以说,无论是马克思的"哲学的终结"还是后现代主义的"拒斥形而上学",都体现着同样的精神,即不容许任何事物走向专制与霸权,成为统治人、束缚人的异化力量,包括理性和人的主体性在内也是如此。

从思想主旨上说,马克思对于现代社会的分析具有一种总体的把握,这种总体把握体现为一种意义引导的、不断结构化的运作过程。马克思从黑格尔和法国哲学进入到政治经济学,用政治经济学理论来理解市民社会及其经济活动。这并不意味着要构造一种静态的、作为知性科学的政治经济学体系,而是要把握被观念所浸润着的动态的物质生产或经济活动。卡弗认为,马克思和黑格尔在关注观念、意义和社会变化方面是具有一致性的。比如,在理解现代历史变化时,发生在法律和财产权关系上的观念变化就相当重要。他强调,马克思关注的恰恰是意义在社会中如何产生的问题。"马克思的观点是一种以理解变化为目的的关于社会意义的产生和流转过程的观点。"这甚至可以用朱迪斯·巴特勒(Judith Butler)关于"施为性"的观点作类比。"我们有某个观念,然后我们会在实践活动中不断地重复这个观念,对于我们来说这个观念于是就由于这些实践活动而成为可理解的。"② 在这个意义上,《资本论》

---

① 孙周兴.海德格尔选集:下[M].上海:上海三联书店,1996:1244.
② 张双利.马克思与黑格尔之间的思想关系再论:访特雷尔·卡弗教授[J].哲学动态,2017(8):105.

也是一本关于意义如何被生产出来的著作。商品、货币、价值、资本和财产等都代表着关键性的观念，这些观念在人们的实践活动中被重复，因此被理解。马克思具体考察了这些凝结为概念的观念如何在人们的日常活动中被实践和重复，最终是为了关注概念的逻辑。概念的逻辑运动，在黑格尔那里表现为逻辑学，而在马克思这里则被还原为包含着观念的实践过程。人们相信商品、货币、资本、价值和财产等观念，就会在此基础上创造一个世界，就会有相应的教育活动、财产关系以及司法与宗教架构。观念和事物都具有开放性、流动性，都在不断地、循环往复地进行着结构化，并因此表现出社会的变迁。如果卡弗的这种观点成立的话，马克思哲学就可以在一定程度上与后结构主义的观点做类比了。

在马克思哲学中得到突出表现的政治关切、形而上学批判和对现代社会的总体把握等，使在后现代情境中探讨马克思成为可能。由此，卡弗也认为，"马克思绝不仅仅只是过去所发现和描述的那样，一定还有更多的马克思'就在那里'，等待着我们去发现"[1]。就理解马克思哲学的丰富而深邃的内涵而言，后现代的解读方法为人们提供了更多的视角和新的认识。这对于推动学术思想发展乃至促进社会生活，应当都是有启发意义的。

三、马克思哲学与后现代哲学的差别

通过简要地从后现代维度探讨马克思哲学，可以发现它与后现代哲学之间的确存在一定的相通之处。可以说，后现代哲学与马克思哲学在

---

[1] [美] 卡弗. 政治性写作：后现代视野中的马克思形象 [M]. 张秀琴，译. 北京：北京师范大学出版社，2009：6.

精神气质上有着"家族相似性",这表现在两者都以批判精神或颠覆解构倾向对人类生存处境和现实政治状况做出了反思,都在批判资本主义制度安排及其内在精神所代表的现代性的过程中确立或突显了自身。然而,这种相似性并不能说明两者可以等同,或者可以简单地将马克思哲学归属于后现代哲学。必须说明的是,马克思哲学与后现代哲学之间仍然存在诸多重要差别。

关于马克思哲学与后现代哲学的差别,可以从不同的角度加以罗列。学界已经有所讨论的差别有如下一些方面:首先,由于思想旨趣与时代状况不同,马克思哲学着眼于对资本主义宏观状况的批判;而后现代哲学则更多地着眼于对资本主义微观领域的剖析。其次,马克思哲学从总体上说仍然有一套基于欧洲中心论的社会历史话语,用以描述社会形态的更替和世界发展的普遍趋势;而后现代哲学则显然拒绝了这种宏大叙事,转向了对多元化、碎片化、边缘化现象的关注。最后,由于物质条件与政治斗争形势不同,马克思关注消除资本主义社会中的经济与政治霸权,推翻资本主义制度,力图使"现存世界革命化";而处于发达资本主义时代的后现代哲学则转换斗争策略,试图侧重从意识形态和文化批判入手,对资本主义文化霸权进行解码。

在上述已经得到较多讨论的差别之外,在马克思哲学与后现代哲学之间还有思维范式和理论路径方面的差别也很值得关注。

思维范式方面的差别表现在马克思哲学仍然依赖辩证法,而后现代哲学则崇尚异质学。拉克劳曾将马克思的论述逻辑指认为是黑格尔主义的。在他看来,马克思的辩证法是对黑格尔辩证法的沿袭,而黑格尔的辩证法又从根本上受同质性逻辑的束缚。与辩证法相对立,后现代哲学往往倡导或体现了异质学的思维范式。异质学关注的是不能被通约、不能被同一性所把握的异质性因素。这些异质性因素"是一种剩余,不能被辩证法或其他类似的手法所把握"①。尽管马克思对辩证法的理解和运用,并不像后来者庸俗化地理解的那样肤浅和公式化,而可以被解读为对意义的生产和概念的运动的把握,但它与异质学仍然存在着差别。这种差别的最根本表现,就在于异质学表现出对同质性甚至同一性的拒斥。当然,这并不意味着异质学就比辩证法更为优越。当后现代哲学一味关注异质性因素时,这或许形成了另一种偏执。事实上,"马克思的资本现代性批判为现代性批判奠定了历史唯物主义的存在论基础"②。马克思的历史唯物主义并没有拘泥于同质性与异质性的问题,而是根据对具体资料和实际情况的考察来做出论断。众所周知,马克思不仅在解剖社会经济基础的过程中揭示了西方现代性的产生条件、巨大成就和历史限度,而且晚年也注意到了东方社会的异质性问题。正如他在《德意志意识形态》中曾说的:"对现实的描述会使独立的哲学失去生存环境,能够取而代之的充其量不过是从对人类历史发展的考察中抽象出来的最一般的结果的概括。"③ 这表明,作为马克思的"论述逻辑"所使用的辩证法并不是马克思考察问题的方法。马克思的方法是对具体问题具体分析,是对事物全貌的总体考察。这不同于异质学的思维范式,但又可以说有异曲同工的效果。

马克思哲学与后现代哲学之间另一个方面的重要差别在于理论路径。虽然马克思哲学和后现代哲学都批判和拒斥理论建构,但是,两者在此基础上的走向却并不一致。马克思哲学走向了现实的革命实践,后现代哲学的路径则走向了内在经验,并衍生出文化分析和话语理论等。

---

① LACLAU E. On Populist Reason [M]. London: Verso, 2005: 223.
② 罗骞. 批判视角下的西方现代性基本精神 [N]. 中国社会科学报, 2022-09-20 (2).
③ 中共中央马克思恩格斯列宁斯大林著作编译局. 马克思恩格斯文集: 第 1 卷 [M]. 北京: 人民出版社, 2009: 526.

第五章 马克思的现代性诊断及其与后现代哲学的差别

例如,后现代哲学的滥觞者巴塔耶就以"痛苦"等内在体验否定了理性思考,以语言自相抵消的耗费消解了作为指称工具的语言;鲍德里亚从对"物体系"的分析过渡到对资本主义符码系统的解读;利奥塔在反对宏大叙事的同时,表明了以往宏观的革命政治的不可能。作为晚期资本主义的理论思潮,后现代哲学在对其所处的社会文化状况进行批判时走向了文化批判和语言游戏,在微观政治实践和支离破碎的理论游戏中更多的只是实现了理论颠覆的快感和语言自身的消解,在激进的姿态之下,并没有实质性地作用于现实。用约翰·塞尔(John Searle)的话说:"事实是使陈述成其为真的条件,但事实并不等于对它们的语言描述。"① 然而,后现代哲学却在很多时候将语言层面的解构游戏作为目标了。马克思哲学与这些后现代哲学的观点有所不同。马克思哲学的实践特质,使它在完成对形而上学的批判之后,从处在现实的、可以通过经验观察到的、在一定条件下进行的发展过程中的人出发,描绘能动的生活过程,进而实际地反对并改变现存的状况,进行"武器的批判"。简言之,如果说马克思哲学是从实践层面来反证形而上学的虚妄,使哲学从天国回到此岸的人间,那么,后现代哲学则主要是从思维和语言层面来消解形而上学的思维模式,从而实现理论形态的转换。

在此基础上,马克思的现代性诊断与后现代哲学在具体表现上也有所不同。马克思的现代性诊断,具有为革命实践奠基的作用。它不仅是抽象的分析或美学的反抗,也不仅是外在的道德否定或单纯浪漫主义的诉求,而是在认识到观念作用的同时始终结合现实进行考察,进行深入到对象本身的有内容的批判。这在对商品经济和剩余价值进行的分析中得到了充分体现。只有这种具有现实性的、有内容的批判,才能构成批

---

① [美]塞尔. 心灵、语言和社会 [M]. 李步楼,译. 上海:上海译文出版社,2001:23.

判性与实践性的结合，使马克思哲学具有面向现实的穿透力。同时，马克思的现代性诊断仍然坚持人类中心主义的立场，而后现代哲学则往往摒弃了这一点。普罗米修斯式的人道主义，是贯穿于马克思文本的重要母题之一。从这种立场出发，"支配马克思批判和革命活动的道德前景不是财富和权力，而是个人的全面发展"[①]。马克思承认个人自由本身具有独立的价值，并且以个人自由及其联系的多样性和丰富性作为衡量社会进步的评价标准。这事实上就使现代性的价值立场得到了延续，也表明了马克思既是西方现代性传统的批判者，同时也是其继承者。这种批判与继承的并存，构成了马克思哲学的批判性与建设性的统一。因此，也有学者直接指出，"马克思哲学才是真正建设性的后现代主义"[②]。马克思对于现代性的批判并没有导致碎片化的否定和颠覆，而是包含着对未来现实道路的昭示。

通过梳理马克思的现代性诊断及其与后现代哲学的差别，既可以对后现代哲学形成更加清晰的把握，也可以在与后现代哲学的相互参照中更加全面和深入地理解马克思哲学。事实上，对马克思哲学仅仅作启蒙式理解或后现代理解都是失之偏颇的。应当说，马克思是现代性的批判性重建者。他不仅完成了现代性的病理学诊断，而且对其发生原因和未来前景进行诠释与预言，从而形成了一种健全的、超越性的现代性立场。从这种理解出发，续写马克思的现代性诊断，或者立足现代性的多元生成与马克思哲学展开对话，不仅要构建一种中国本土的启蒙话语或指导现代化进程的思想体系，同时也意味着要在超越传统帝制和现代西方资本主义的基础上，在反思性、批判性与实践性、建设性的协调统一中，走出一条独具特色的中国式现代化新路。

---

① 汪行福. 马克思与现代性问题[J]. 现代哲学, 2004 (4): 14.
② 何中华. 重读马克思[M]. 济南: 山东人民出版社, 2009: 504.

中国式现代化，是当代中国人在理论和实践上的创新突破。它批判性地超越西方资本主义国家的现代化模式，既植根中华优秀传统文化，又体现科学社会主义的先进本质，在借鉴吸收一切人类优秀文明成果的基础上，创造着人类文明新形态。党的二十大集中概括了中国式现代化的中国特色、本质要求和重大原则，突出强调中国式现代化是人口规模巨大的现代化，是全体人民共同富裕的现代化，是物质文明和精神文明相协调的现代化，是人与自然和谐共生的现代化，是走和平发展道路的现代化。[1] 这初步构建起中国式现代化的理论体系，是推进中国式现代化的最高顶层设计，自觉与那种骨子里追求资本至上、弱肉强食、两极分化、霸道强权的西方资本主义现代化模式形成了鲜明差异。中国式现代化的初步成功和取得的显著成就，打破了现代化就是西方化的迷思，为探索现代化道路的多样性提供了全新的选择，必将以其对西方现代性进行的深刻反思和重大超越，对世界历史进程产生深刻影响。

---

[1] 习近平. 高举中国特色社会主义伟大旗帜 为全面建设社会主义现代化国家而团结奋斗：在中国共产党第二十次全国代表大会上的讲话 [M]. 北京：人民出版社，2022：22-23.

参考文献

中文部分：

[1] 中共中央马克思恩格斯列宁斯大林著作编译局. 马克思恩格斯文集：第1卷 [M]. 北京：人民出版社，2009.

[2] 中共中央马克思恩格斯列宁斯大林著作编译局. 马克思恩格斯文集：第2卷 [M]. 北京：人民出版社，2009.

[3] 中共中央马克思恩格斯列宁斯大林著作编译局. 马克思恩格斯文集：第5卷 [M]. 北京：人民出版社，2009.

[4] 中共中央马克思恩格斯列宁斯大林著作编译局. 马克思恩格斯文集：第7卷 [M]. 北京：人民出版社，2009.

[5] 中共中央马克思恩格斯列宁斯大林著作编译局. 马克思恩格斯文集：第9卷 [M]. 北京：人民出版社，2009.

[6] 中共中央马克思恩格斯列宁斯大林著作编译局. 列宁全集：第55卷 [M]. 北京：人民出版社，1990.

[7] 汪民安. 色情、耗费与普遍经济：乔治·巴塔耶文选 [M]. 长春：吉林人民出版社，2003.

[8] [法] 巴塔耶. 内在经验 [M]. 程小牧，译. 北京：生活·读书·新知三联书店，2017.

[9] [日] 汤浅博雄. 巴塔耶：消尽 [M]. 赵汉英, 译. 石家庄：河北教育出版社, 2001.

[10] [法] 福柯. 词与物 [M]. 莫伟民, 译. 上海：上海三联书店, 2001.

[11] [美] 贝斯特, 凯尔纳. 后现代理论：批判性的质疑 [M]. 张志斌, 译. 北京：中央编译出版社, 1999.

[12] [美] 格里芬, 等. 超越解构：建设性后现代哲学的奠基者 [M]. 鲍世斌, 等译. 北京：中央编译出版社, 2001.

[13] [美] 格里芬. 后现代精神 [M]. 王成兵, 译. 北京：中央编译出版社, 1998.

[14] [美] 哈维. 后现代的状况：对文化变迁之缘起的探究 [M]. 阎嘉, 译. 北京：商务印书馆, 2003.

[15] [美] 詹明信. 晚期资本主义的文化逻辑：詹明信批评理论文选 [M]. 陈清侨, 等译. 北京：生活·读书·新知三联书店, 1997.

[16] [美] 熊彼特. 资本主义、社会主义与民主 [M]. 吴良健, 译. 北京：商务印书馆, 1999.

[17] [德] 哈贝马斯. 现代性的哲学话语 [M]. 曹卫东, 等译. 南京：译林出版社, 2004.

[18] [德] 阿多诺. 否定的辩证法 [M]. 张峰, 译. 重庆：重庆出版社, 1993.

[19] [德] 霍克海默, 阿道尔诺. 启蒙辩证法：哲学断片 [M]. 渠敬东, 曹卫东, 译. 上海：上海人民出版社, 2006.

[20] [英] 德兰蒂. 现代性与后现代性：知识、权利与自我 [M]. 李瑞华, 译. 北京：商务印书馆, 2012.

[21] [加] 塔西奇. 后现代思想的数学根源 [M]. 蔡仲, 戴建平,

译. 上海：复旦大学出版社，2005.

［22］［德］黑格尔. 小逻辑［M］. 贺麟，译. 北京：商务印书馆，2003.

［23］［德］黑格尔. 精神现象学［M］. 贺麟，王玖兴，译. 北京：商务印书馆，1997.

［24］［德］尼采. 查拉图斯特拉如是说［M］. 杨震，译. 北京：中国社会科学出版社，2009.

［25］［德］海德格尔. 物的追问：康德关于先验原理的学说［M］. 赵卫国，译. 上海：上海译文出版社，2010.

［26］［法］涂尔干. 宗教生活的基本形式［M］. 渠东，汲喆，译. 上海：上海人民出版社，1999.

［27］［美］库恩. 科学革命的结构［M］. 金吾伦，胡新和，译. 北京：北京大学出版社，2003.

［28］［美］塞尔. 心灵、语言和社会［M］. 李步楼，译. 上海：上海译文出版社，2001.

［29］［英］拉克劳，墨菲. 领导权与社会主义的策略：走向激进民主政治［M］. 尹树广，译. 哈尔滨：黑龙江人民出版社，2003.

［30］万俊人，陈亚军，等. 詹姆斯文选［M］. 北京：社会科学文献出版社，2007.

［31］俞吾金，等. 现代性现象学［M］. 上海：上海社会科学院出版社，2002.

［32］俞吾金. 问题域的转换：对马克思和黑格尔关系的当代解读［M］. 北京：人民出版社，2007.

［33］潘德荣. 诠释学导论［M］. 桂林：广西师范大学出版社，2015.

[34] 孙正聿. 辩证法研究 [M]. 长春：吉林人民出版社，2007.

[35] 陈嘉明，等. 现代性与后现代性 [M]. 北京：人民出版社，2001.

[36] 冯俊，等. 后现代主义哲学讲演录 [M]. 北京：商务印书馆，2003.

[37] 尚杰. 法国当代哲学论纲 [M]. 上海：同济大学出版社，2008.

[38] 高宣扬. 后现代论 [M]. 北京：中国人民大学出版社，2005.

[39] 陆扬. 后现代文化景观 [M]. 北京：新星出版社，2014.

[40] 张庆熊. 现代西方哲学 [M]. 北京：商务印书馆，2017.

[41] 张世英. 境界与文化：成人之道 [M]. 北京：人民出版社，2007.

[42] 仰海峰. 《资本论》的哲学 [M]. 北京：北京师范大学出版社，2017.

[43] 张一兵. 反鲍德里亚：一个后现代学术神话的祛序 [M]. 北京：商务印书馆，2009.

[44] 潘于旭. 从"物化"到"异质性"：西方马克思主义哲学逻辑转向的历史分析 [M]. 杭州：浙江大学出版社，2009.

[45] 吴静. 现代之后的沉思 [M]. 上海：上海三联书店，2022.

[46] 俞吾金. 从思维与存在的同质性到思维与存在的异质性：马克思哲学思想演化中的一个关节点 [J]. 哲学研究，2005（12）.

[47] 俞吾金. 资本诠释学：马克思考察、批判现代社会的独特路径 [J]. 哲学研究，2007（1）.

[48] 俞吾金. 马克思对黑格尔方法论的改造及其启示 [J]. 复旦大学学报（社会科学版），2011（1）.

［49］张双利. 马克思与黑格尔之间的思想关系再论：访特雷尔·卡弗教授［J］. 哲学动态，2017（8）.

［50］王春明. "内在体验"为何仍是一种神秘体验？——解析萨特对巴塔耶的批判及其无神论人本主义的内涵［J］. 哲学动态，2016（8）.

外文部分：

［1］LYOTARD J F. The Postmodern Condition：A Report on Knowledge［M］. Bennington G，Massumi B，trans，Minneapolis：University of Minnesota Press，1984.

［2］BATAILLE G. L'expérience intérieure［M］. Paris：Editions Gallimard，1954.

［3］BATAILLE G. Œuvres complètes：V［M］. Paris：Editions Gallimard，1973.

［4］BATAILLE G. The Accursed Share：Consumption［M］. HURLEY R，trans. New York：Zone Books，1991.

［5］BATAILLE G. The Accursed Share：The History of Eroticism and Sovereignty［M］. HURLEY R，trans. New York：Zone Books，1993.

［6］BATAILLE G. Theory of Religion［M］. HURLEY R，trans. New York：Zone Books，1989.

［7］BOTTING F，WILSON S. The Bataille Reader［M］. Oxford：Blackwell Publishers，1997.

［8］RICHARDSON M. Georges Bataille［M］. London：Routledge，1994.

［9］RICHMAN M H. Reading Georges Bataille：Beyong the Gift［M］.

Baltimore: The John Hopkins University Press, 1982.

[10] BOLDT-IRONS L A. On Bataille: Critical Essays [M]. Albany: State University of New York Press, 1995.

[11] HUSSEY A. The Inner Scar: The Mysticism of Georges Bataille [M]. Amsterdam: Editions Rodopi B. V. , 2000.

[12] CONNOR P T. Georges Bataille and The Mysticism of Sin [M]. Baltimore: The Johns Hopkins University Press, 2000.

[13] STOEKL A. Bataille's Peak: Energy, Religion, and Postsustainability [M]. Minneapolis: University of Minnesota Press, 2007.

[14] WINNUBST S. Reading Bataille Now [M]. Bloomington: Indiana University Press, 2007.

[15] DELLEUZE G , GUATTARI F. Qu'est-ce que la philosophie [M]. Paris: Minuit, 1991.

[16] SARLEMIJN A. Hegel's Dialectic [M]. KIRSHCENMANN P, trans. Dordrecht: D. Reidel Publishing Company, 1975.

[17] MAKER W. Philosophy without Foundations: Rethinking Hegel [M]. Albany: State University of New York Press, 1994.

[18] THACKER E. After life [M]. Chicago: University of Chicago Press, 2010.

[19] LACLAU E. On Populist Reason [M]. London: Verso, 2005.

[20] LACLAU E. Emancipation(s) [M]. London: Verso, 2007.

[21] GORZ A. Critique of Economic Reason [M]. HANDYSIDE G , TURNER C, trans. London: Verso, 1989.

[22] FOUCAULT M. The Order of Things: an Archaeology of the Human Sciences [M]. New York: Vintage Books, 1973.

[23] BAUDRILLARD J. The Mirror of Production [M]. St. Louis: Telos, 1975.

[24] LEVINE N. Dialogue Within the Dialectic [M]. London: George Allen & Unwin, 1984.

[25] HEIMONET J M. Bataille and Sartre: The Modernity of Mysticism [J]. Diacritics, 1996, 26 (2).

[26] BOLDT-IRONS L A. Bataille and Baudrillard: from a general economy to the transparency of evil [J]. Journal of the Theoretical Humanities, 2001, 6 (2).

[27] STALLYBRASS P. Marx and Heterogeneity [J]. Representations, 1990 (31).

[28] COMAY R. Gifts without Presents: Economies of "Experience" in Bataille and Heidegger [J]. Yale French Studies, 1990 (78).

后 记

本书是由我的博士后出站报告修改而成的。原稿完成于2018年初，距现在已经5年了。此次出版成书，在基本保留原稿主体框架的基础上进行了一定的删改，主要是去除了一些错误和重复的论述，更新了个别表述和引文，篇幅更加简短。

拙作付梓之际，首先我要感谢华东师范大学哲学系的潘德荣教授。他作为博士后合作导师，在多方面给予了我细致的关心和指导。这里同时要感谢华东师范大学哲学系其他多位师友的帮助和鼓励。其次要感谢军事科学院军队政治工作研究院的领导和同事们对于个人学术兴趣的包容和支持，使得这本小书的出版最终得以可能。最后还要感谢曲跃厚、叶海源、罗文东、刘珂等诸位教授帮助审阅书稿并提出宝贵意见，感谢光明日报出版社对本书的肯定。

生活在逻辑之外。我们在倡导理性思考与筹划时不能不保持应有的谦逊，在追求自我实现与确证时不能不保持必要的自省。现代性的规划仍未完成，但从后现代的视角进行审视和探讨却并非时代错置、言之过早。限于我学力不逮，写作匆忙，谨以此书作为求学之路上的阶段性小结，拿出来分享，求教于方家。

杨　威

2023年3月于北京五里店